Tortna Umetnost
Ustvarite Okusne Mojstrovine

Maja Zupan

VSEBINA

Breskova torta 12

Marsala torta s pomarančami 13

Torta z breskvami in hruškami 14

Ananasova torta 15

Torta z ananasom in češnjami 16

Božična torta z ananasom 17

na glavo obrnjen ananas 18

Torta z ananasovimi oreščki 19

Malinova torta 20

Rabarbarin kolač 21

Medena rabarbarina torta 22

Torta z rdečo peso 23

Korenčkova in bananina torta 24

Torta s korenčkom in jabolki 25

Kolač s korenčkom in cimetom 26

Korenčkovo-bučna torta 27

Ingverjeva korenčkova torta 28

Korenčkova torta z govedino 29

Torta s korenjem, pomarančami in govedino 30

Kolač s korenčkom, ananasom in kokosom 31

Kolač s korenčkom in pistacijo 32

Torta s korenjem in orehi 33

Pikantna korenčkova torta 34

Korenčkova torta iz rjavega sladkorja ... 36
Torta iz buček in semen ... 37
Bučna in pomarančna torta ... 38
Bučna začimbna torta ... 39
Bučna torta ... 41
Strašna bučna pita ... 42
Pikantna bučna rolada ... 43
Kolač z rabarbaro in medom ... 45
Torta iz sladkega krompirja ... 46
Italijanska mandljeva torta ... 48
Torta z mandlji in kavo ... 49
Torta z mandlji in medom ... 50
Torta z mandlji in limono ... 51
Mandljeva torta s pomarančami ... 52
Bogata mandljeva torta ... 53
Švedska makaronska torta ... 54
kokosov kruh ... 55
Kokosova torta ... 56
Zlata torta s kokosom ... 57
Kokosova plast torta ... 58
Kokosova limonina torta ... 59
Novoletna kokosova torta ... 60
Sultanka s kokosom ... 61
Hrustljava goveja torta ... 62
Torta z mešanim mesom ... 63
Grška goveja torta ... 64
Orehova sladoledna torta ... 65

Orehova torta s čokoladno kremo 66

Kolač z medom in cimetom 66

Mandljeve in medene ploščice 67

Jabolčni in ribezov drobljenec 70

Marelične in ovsene ploščice 71

Pražen krompir z marelicami 72

Bananine ploščice z oreščki 73

ameriški browniji 74

Browniji s čokoladno sladico 75

Browniji z orehi in čokolado 76

Palice masla 77

Pekač s češnjevo karamelo 78

Pekač s koščki čokolade 79

Cinnamon Crumble Layer 80

Slastne cimetove palčke 81

Kokosove ploščice 82

Sendviči s kokosovo marmelado 83

Curtal in peka z jabolki 84

Datljeve rezine 85

Citati babice 86

Ploščice z datlji in ovsom 87

Datlji in oreščki 88

Figove ploščice 89

Flapjacks 90

Češnjeve slaščice 91

Čokoladne palačinke 92

Sadne pite 93

Flampjacks s sadjem in oreščki 94

Ginger Flapjacks 95

Orehovi flapjaki 96

Hrustljavi piškoti z limoninim maslom 97

Plošče iz semiša in kokosa 98

Zdravo Dolly Cookies 100

Kokosove čokoladne ploščice 101

Škatle z arašidi 102

Pomarančne rezine oreha 103

parkirati 104

ploščice arašidovega masla 105

Piknik krožniki 106

Postrežena sta bila ananas in kokos 107

Kolač s slivovim kvasom 108

Ameriške bučne ploščice 110

Kutine in mandljeve ploščice 111

Ploščice z rozinami 113

Ovseni kosmiči z malinami 114

Cimet marshmallows 115

Glazura Glazura 116

Glazura za ledeno kavo 116

Limonina glazura 117

Pomarančna glazura 117

Rumova glazura z ledom 118

Zamrznjena vanilijeva glazura 118

Čokoladna glazura v pečici 119

Nadev iz čokolade in kokosa 119

Karamelni preliv	120
Nadev iz sladkega kremnega sira	120
American Velvet Icing	121
glazura iz maslene smetane	121
Karamelna glazura	122
Limonina glazura	122
Glazura s kavno masleno kremo	123
Lady Baltimore Frosting	124
bela glazura	125
Kremno bela glazura	125
puhasto belo glazuro	126
postekleni z rjavim sladkorjem	127
Vanilijeva maslena glazura	128
vanilijeva krema	129
Kremni nadev	130
Dansko kremno polnilo	131
Bogat danski kremni nadev	132
krema	133
Ingverjev kremni nadev	134
Limonin okras	135
Čokoladna glazura	136
glazura za sadno torto	137
Pomarančna sadna glazura za torto	137
Mandljevi meringue kvadratki	138
angelske kapljice	139
Mandljevi lističi	140
Bakewell torte	141

Čokoladni piškoti metulji 142
Kokosovi piškoti 143
Sladki mafini 144
kavna zrna 145
Piškotki Eccles 146
Pravljični piškoti 147
Pravljične torte glazirane s perjem 148
Genovske fantazije 149
Makaroni z mandlji 150
Kokosovi makaroni 151
Makaroni z limeto 152
Ovseni makaroni 153
Madeleine 154
Martipan palačinke 155
muffini 156
Jabolčni mafini 157
Bananini mafini 158
Mafini s črnim ribezom 159
Ameriški borovničevi muffini 160
Mafini s češnjami 161
čokoladni mafini 162
Čokoladni mafini 163
cimetova žemljica 164
Muffini iz koruzne moke 165
Mafini s celimi figami 166
Mafini s sadjem in otrobi 167
Ovseni mafini 168

Ovseni in sadni mafini 169

Pomarančni mafini 170

Mafini z breskvami 171

Mafini iz arašidovega masla 172

Ananasovi mafini 173

Malinovi mafini 174

Limonino malinovi mafini 175

Sultana mafini 176

Mafini v sirupu 177

Mafini s sirupom iz ovsenih kosmičev 178

Ovseni toast 179

Omleta z jagodami in gobami 180

Piškoti s poprovo meto 181

Piškoti z rozinami 182

Grozdje kliče 183

Malinove torte 184

Rjavi riž in sončnične pogače 185

skalne torte 186

Kameni krekerji brez sladkorja 187

Piškoti z žafranom 188

rum baba 189

Biskvit kroglični piškoti 191

Čokoladni sladkorni piškoti 192

poletne snežne kepe 193

Gobove kapljice 194

Osnovna meringue 195

Mandljeva meringue 196

Španski piškoti z meringo in mandlji 197
Sladke meringue košarice 198
Mandljev čips 199
Španski marshmallows z mandlji in limono 200
S čokolado obliti marshmallows 201
Čokoladni marshmallows z meto 202
Čokoladni čips in orehov marshmallow 202
Lešnikova meringa 203
Meringue plast torta z orehi 204
Narezani makaroni z lešniki 206
Meringue in orehova plast 207
gore meringue 208
Meringue z malinovo kremo 209
Ratafijski piškoti 210
Vacherin karamela 211
Navadne žemlje 212
Bogati jajčni kolački 213
jabolčni kolački 214
jabolčni in kokosovi kolački 215
Jabolčni datljevi kolački 216
Ječmenovi kolački 217
Datljevi kolački 218
Pogačke z zelišči 219

Breskova torta

Pecite torto velikosti 23 cm

100 g/4 oz/½ skodelice masla ali margarine, zmehčane

225 g/8 oz/1 skodelica sladkorja v prahu (super fin).

3 jajca, ločena

450 g/1 lb/4 skodelice navadne moke (univerzalne)

Malo soli

5 ml/1 čajna žlička sode bikarbone (pecilnega praška)

120 ml/½ skodelice mleka

2/3 skodelice/8 oz/225 g breskove marmelade (v pločevinki)

Zmešajte maslo ali margarino in sladkor. Po malem dodajamo rumenjake in nato še moko in sol. Sodo bikarbono zmešajte z mlekom, nato jo vmešajte v zmes za torte, nato pa v žele. Iz kuhanih beljakov stepemo sneg in ga nato vmešamo v zmes. Vlijemo v dva pomaščena in obložena pekača premera 9 cm/23 cm in pečemo v predhodno ogreti pečici pri 180°C/350°F/termostat 4 25 minut, dokler se dobro ne napihne in postane elastičen na otip.

Marsala torta s pomarančami

Pecite torto velikosti 23 cm

175 g/6 oz/1 skodelica rozin (zlate rozine)

120 ml / 4 fl oz / ½ skodelice marsale

6 oz/¾ skodelice/175 g masla ali margarine, zmehčane

100 g/4oz/½ skodelice sladkega rjavega sladkorja

225 g/8 oz/1 skodelica sladkorja v prahu (super fin).

3 jajca, rahlo stepena

drobno naribana lupinica 1 pomaranče

5 ml/1 čajna žlička vode pomarančnih cvetov

275 g/10 oz/2½ skodelice navadne moke (univerzalne)

10 ml/2 žlički sode bikarbone (pecilnega praška)

Malo soli

13 fl oz / 1½ skodelice pinjenca

Glazura pomarančnega likerja

Rozine čez noč namočite v marsali.

Zmešajte maslo ali margarino in sladkor, da postanejo rahli in puhasti. Postopoma dodajte jajca in nato dodajte pomarančno lupinico in pomarančni sok. Moko, sodo bikarbono in sol izmenično mešamo z mlekom. Vmešajte vlažne rozine in marsalo. Vlijemo v dva namaščena in obložena modela za torte 23 cm/9" in pečemo v predhodno ogreti pečici pri 350°F/180°C/termostat 4 35 minut, dokler ne postane vzmetno na dotik in se začne strjevati, krčiti ob straneh modelčkov. Pustite ohladite v pekačih 10 minut, preden jih obrnete na rešetko, da se ohladi.

Piškote namažite s polovico glazure iz pomarančnega likerja, nato pa po vrhu namažite preostalo glazuro.

Torta z breskvami in hruškami

Pecite torto velikosti 23 cm

6 oz/¾ skodelice/175 g masla ali margarine, zmehčane

150 g/5 oz/2/3 skodelice sladkorja (izjemno finega).

2 jajci, rahlo stepeni

75 g/3 oz/¾ skodelice polnozrnate pšenične moke (pšenice).

75 g/3 oz/¾ skodelice navadne moke (univerzalne)

10 ml / 2 žlici pecilnega praška

15 ml/1 žlica mleka

2 breskvi, olupljeni (razkoščičeni), olupljeni in narezani

2 hruški, olupljeni, strženi in narezani

2 žlici / 30 ml sladkorja v prahu (slaščice), presejanega

Zmešajte maslo ali margarino in sladkor, da postanejo rahli in puhasti. Postopoma dodajamo jajca, nato dodajamo moko in kvas ter dodajamo mleko, da zmes postane tekoča. Obrnite breskve in hruške. Zmes vlijemo v pomaščen in z maslom namazan pekač premera 9 cm/23 cm in pečemo v predhodno ogreti pečici pri 190 °C/375 °F/termostat 5 1 uro, dokler ne naraste in postane elastičen na otip. Pustite, da se ohladi v pekaču 10 minut, preden se vrnete na rešetko, da se ohladi. Pred serviranjem potresemo s sladkorjem v prahu.

Ananasova torta

Naredite 20 cm torto

100 g/4 oz/½ skodelice masla ali margarine

350 g/12 oz/2 skodelici mešanih oreščkov (mešanica za sadno torto)

225 g/8 oz/1 skodelica sladkega rjavega sladkorja

5 ml/1 žlička mlete začimbe (jabolčna pita)

5 ml/1 čajna žlička sode bikarbone (pecilnega praška)

Velika 15 oz/425 g škatla nesladkanega zdrobljenega ananasa, odcejenega

225 g/8 oz/2 skodelici samovzhajajoče moke (samovzhajajoča)

2 jajci, pretepeni

Vse sestavine razen moke in jajc dajte v ponev in jih rahlo segrevajte do vrenja ter dobro premešajte. Neprestano vreti 3 minute, nato pa pustite, da se zmes popolnoma ohladi. Dodamo moko in postopoma dodajamo jajca. Zmes vlijemo v pomaščen in obložen pekač premera 20 cm/8 in pečemo v predhodno ogreti pečici pri 180°C/350°F/termostat 4 1h30-1h30, dokler se dobro ne napihne in postane čvrsta na otip. Pustite, da se ohladi v pekaču.

Torta z ananasom in češnjami

Naredite 20 cm torto

100 g/4 oz/½ skodelice masla ali margarine, zmehčane

100 g/4 oz/1 skodelica sladkorja v prahu (super fin).

2 jajci, pretepeni

225 g/8 oz/2 skodelici samovzhajajoče moke (samovzhajajoča)

2,5 ml/½ žličke pecilnega praška

2,5 ml/½ čajne žličke mletega cimeta

175 g/6 oz/1 skodelica rozin (zlate rozine)

25 g/1 oz/2 žlici kandiranih češenj

400 g/14 oz/1 velika pločevinka ananasa, odcejenega in narezanega

30 ml/2 žlici žganja ali ruma

Sladkor v prahu, presejan, za posipanje

Zmešajte maslo ali margarino in sladkor, da postanejo rahli in puhasti. Postopoma dodajajte jajca in nato moko, pecilni prašek in cimet. Nežno vmešajte preostale sestavine. Mešanico vlijemo v pomaščen in obložen pekač velikosti 20 cm/8 in pečemo v predhodno ogreti pečici pri 160 °C/325 °F/termostat 3 uro in pol, dokler zobotrebec, ki ga zapičimo v sredino, ne izstopi čist. Pustite, da se ohladi in nato postrezite potreseno s sladkorjem v prahu.

Božična torta z ananasom

Pecite torto velikosti 23 cm

2 oz/¼ skodelice/50 g masla ali margarine

100 g/4 oz/½ skodelice sladkorja (izjemno finega).

1 jajce, rahlo stepeno

150 g/5 oz/1¼ skodelice samovzhajajoče moke

Malo soli

120 ml/½ skodelice mleka

Za okras:
100 g svežega ali konzerviranega ananasa, grobo naribanega

1 namizno (desertno) jabolko, olupljeno, izrezano in grobo naribano

120 ml/4 oz/½ skodelice pomarančnega soka

15 ml/1 žlica limoninega soka

100 g/4 oz/½ skodelice sladkorja (izjemno finega).

5 ml/1 čajna žlička mletega cimeta

Maslo ali margarino raztopimo, nato pa sladkor in jajca penasto zmešamo. Dodamo moko in sol izmenično z mlekom, da dobimo pasto. Vlijemo v pomaščen in z maslom namazan pekač premera 9 cm/23 cm in pečemo v predhodno ogreti pečici na 180 °C/350 °F/termostat 4 25 minut, dokler ne postanejo zlatorjavi in prožni.

Vse sestavine za nadev zavremo in kuhamo 10 minut. Prelijemo po vročem kolaču in pečemo, dokler ananas ne porjavi. Pustite, da se ohladi, preden postrežete toplo ali hladno.

na glavo obrnjen ananas

Naredite 20 cm torto

6 oz/¾ skodelice/175 g masla ali margarine, zmehčane

175 g/6 oz/¾ skodelice sladkega rjavega sladkorja

400 g/14 oz/1 velika pločevinka rezin ananasa, odcejen in prihranjen sok

4 glazirane (kandirane) češnje, prerezane na pol

2 jajci

100 g/4 oz/1 skodelica samovzhajajoče moke

3 oz/75 g/1/3 skodelice masla ali margarine s 3 oz/75 g/1/3 skodelice sladkorja, dokler ne postane rahla in puhasta, in razporedite po dnu pomaščenega 8 cm/20 cm vzmetnega pekača. Po vrhu razporedite rezine ananasa in potresite s češnjami, zaokroženo navzdol. Zmešajte preostalo maslo ali margarino in sladkor, nato pa postopoma vmešajte jajca. Vmešajte moko in 2 žlici/30 ml prihranjenega ananasovega soka. Prelijemo po ananasu in pečemo v predhodno ogreti pečici na 180°C/350°F/termostat 4 45 minut, dokler ni čvrst na otip. Pustite, da se ohladi v pekaču 5 minut, nato previdno odstranite in vrnite na rešetko, da se ohladi.

Torta z ananasovimi oreščki

Pecite torto velikosti 23 cm

8 oz / 1 skodelica masla ali margarine, zmehčane

225 g/8 oz/1 skodelica sladkorja v prahu (super fin).

5 jajc

350 g/12 oz/3 skodelice navadne moke (za vse namene)

100 g/4 oz/1 skodelica orehov, grobo sesekljanih

2/3 skodelice/100 g zamrznjenega (kandiranega) ananasa, narezanega

Malo mleka

Zmešajte maslo ali margarino in sladkor, da postanejo rahli in puhasti. Postopoma dodajte jajca, nato vmešajte moko, orehe in ananas ter dodajte toliko mleka, da dobite tekočo konsistenco. Vlijemo v pomaščen in obložen pekač velikosti 23 cm/9 in pečemo v predhodno ogreti pečici pri 150 °C/300 °F/termostat 2 1 uro in pol, dokler zobotrebec, ki ga zapičimo v sredino, ne izstopi čist.

Malinova torta

Naredite 20 cm torto

100 g/4 oz/½ skodelice masla ali margarine, zmehčane

200 g/7 oz/lite 1 skodelica sladkorja v prahu (super finega).

2 jajci, rahlo stepeni

250 ml/8 fl oz/1 dl smetane (mlečna kislina)

5 ml/1 čajna žlička vaniljeve esence (izvleček)

2¼ skodelice/9 oz/250 g navadne moke (za vse namene)

5 ml/1 žlica pecilnega praška

5 ml/1 čajna žlička sode bikarbone (pecilnega praška)

5 ml/1 žlica kakava v prahu (nesladkana čokolada).

2,5 ml/½ čajne žličke soli

100 g svežih ali odmrznjenih malin

Za okras:
30 ml/2 žlici sladkorja (super finega).

5 ml/1 čajna žlička mletega cimeta

Zmešajte maslo ali margarino in sladkor. Postopoma vmešamo jajca, nato mlečno smetano in vanilijevo esenco. Zmešajte moko, pecilni prašek, natrijev bikarbonat, kakav in sol. Maline obrnemo. Vlijemo v pomaščen pekač 8/20 cm. Zmešajte sladkor in cimet ter potresite po torti. Pecite v pečici, predhodno ogreti na 200°C/400°F/termostat 4, 35 minut, dokler ne postanejo zlatorjavi in nož, ki ga vstavite v sredino, ne pride ven čist. Potresemo sladkor, pomešan s cimetom.

Rabarbarin kolač

Naredite 20 cm torto

225 g/8 oz/2 skodelici polnozrnate pšenične moke (polnozrnate pšenice).

10 ml / 2 žlici pecilnega praška

10 ml/2 žlički mletega cimeta

45 ml/3 žlice čistega medu

175 g/6 oz/1 skodelica rozin (zlate rozine)

2 jajci

150 ml/¼ pt/2/3 skodelice mleka

225 g rabarbare, sesekljane

30 ml/2 žlici demerara sladkorja

Zmešajte vse sestavine razen rabarbare in sladkorja. Dodamo rabarbaro in vlijemo v namaščen in pomokan 20 cm model. Potresemo s sladkorjem. Pečemo v predhodno ogreti pečici na 180°C/350°F/termostat 4 45 minut, dokler se strdi. Pustite, da se ohladi v pekaču 10 minut, preden ga odvijete.

Medena rabarbarina torta

Naredi dve torti po 1 lb/450 g

250 g/9 oz/2/3 skodelice čistega medu

120 ml/4 oz/½ skodelice olja

1 jajce, rahlo stepeno

15 ml/1 žlica natrijevega bikarbonata (pecilnega praška)

¼ čajne žličke/2/3 skodelice/150 ml navadnega jogurta

75 ml/5 žlic vode

350 g/12 oz/3 skodelice navadne moke (za vse namene)

10 ml/2 žlici soli

350 g/12 oz rabarbare, drobno sesekljane

5 ml/1 čajna žlička vaniljeve esence (izvleček)

50 g/2 oz/½ skodelice sesekljanih mešanih oreščkov

Za okras:

75 g/3 oz/1/3 skodelice sladkega rjavega sladkorja

5 ml/1 čajna žlička mletega cimeta

15 ml/1 žlica stopljenega masla ali margarine

Zmešajte med in olje, nato vmešajte jajce. Vmešajte sodo bikarbono v jogurt in vodo, dokler se ne raztopi. Zmešajte moko in sol ter dodajte medeni mešanici izmenično z jogurtom. Dodajte rabarbaro, vanilijevo esenco in orehe. Vlijemo v dva namazana in obložena modela po 450 g. Sestavine za preliv zmešamo in potresemo po kolačih. Pečemo v predhodno ogreti pečici na 160°C/325°F/termostat 3 1 uro, dokler niso čvrsti na dotik in zlato na vrhu. Pustite, da se ohladi v pekačih 10 minut, nato pa obrnite na rešetko, da se ohladi.

Torta z rdečo peso

Naredite 20 cm torto

250 g/9 oz/1¼ skodelice navadne moke (za vse namene)

15 ml/1 žlica pecilnega praška

5 ml/1 čajna žlička mletega cimeta

Malo soli

150 ml/8 oz/1 skodelica olja

300 g/11 oz/11/3 skodelice železnega sladkorja (super fin).

3 jajca, ločena

150 g surove rdeče pese, očiščene in grobo naribane

150g/5oz grobo naribanega korenja

100 g/4 oz/1 skodelica sesekljanih mešanih oreščkov

Zmešamo moko, pecilni prašek, cimet in sol. Zmešajte olje in sladkor. Stepite rumenjake, rdečo peso, korenje in orehe. Iz beljakov stepemo trd sneg, ki ga s kovinsko žlico vmešamo v zmes. Zmes vlijemo v pomaščen in obložen pekač premera 20 cm/8 in pečemo v predhodno ogreti pečici na 180°C/350°F/termostat 4 1 uro, dokler ne postane vzmetno.

Korenčkova in bananina torta

Naredite 20 cm torto

6 oz/175 g korenčka, naribanega

2 banani, pretlačeni

75 g/3 oz/½ skodelice rozin (zlate rozine)

50 g/2 oz/½ skodelice sesekljanih mešanih oreščkov

175 g/6 oz/1½ skodelice samovzhajajoče moke

5 ml/1 žlica pecilnega praška

5 ml/1 žlička mlete začimbe (jabolčna pita)

Sok in naribana lupinica 1 pomaranče

2 jajci, pretepeni

75 g/3 oz/1/2 skodelice lahkega sladkorja v prahu

100 ml/31/2 fl oz/liter 1/2 skodelice sončničnega olja

Vse sestavine mešajte, dokler niso dobro premešane. Vlijemo v pomaščen in obložen pekač 8/20 cm in pečemo v predhodno ogreti pečici pri 180°C/350°F/termostat 4 1 uro, dokler zobotrebec, zapičen v sredino, ne izstopi čist.

Torta s korenčkom in jabolki

Pecite torto velikosti 23 cm

250 g/9oz/2¼ skodelice samovzhajajoče moke (samovzhajajoča)

5 ml/1 čajna žlička sode bikarbone (pecilnega praška)

5 ml/1 čajna žlička mletega cimeta

175 g/6 oz/¾ skodelice sladkega rjavega sladkorja

drobno naribana lupinica 1 pomaranče

3 jajca

200 ml/7 fl oz/liter 1 skodelica olja

5 oz/150 g namiznih (desertnih) jabolk, olupljenih, brez peščic in naribanih

5 oz/150 g korenja, naribanega

2/3 skodelice/100 g narezanih suhih marelic, pripravljenih za uživanje

100 g/4 oz/1 skodelica orehov ali sesekljanih oreščkov

Zmešajte moko, sodo bikarbono in cimet, nato pa vmešajte še sladkor in pomarančno lupinico. V olje stepemo jajca, nato vmešamo jabolko, korenje ter dve tretjini marelic in orehov. Dodamo mešanico moke in vlijemo v pomaščen in obložen model premera 23 cm. Potresemo s preostalimi nasekljanimi marelicami in orehi. Pecite v predhodno ogreti pečici na 180°C/350°F/termostat 4 30 minut, dokler niso mehki na otip. Pustite, da se malo ohladi v pladnju, nato pa ga vrnite na rešetko, da se ohladi.

Kolač s korenčkom in cimetom

Naredite 20 cm torto

100 g/4 oz/1 skodelica polnozrnate (pšenične) moke.

100 g/4 oz/1 skodelica navadne moke (za vse namene)

15 ml/1 žlica mletega cimeta

5 ml/1 žlica naribanega muškatnega oreščka

10 ml / 2 žlici pecilnega praška

100 g/4 oz/½ skodelice masla ali margarine

100 g/4 oz/1/3 skodelice čistega medu

100 g/4oz/½ skodelice sladkega rjavega sladkorja

225 g naribanega korenja

V skledi zmešajte moko, cimet, muškatni orešček in pecilni prašek. Maslo ali margarino raztopimo z medom in sladkorjem ter nato zmešamo z moko. Dodamo korenje in dobro premešamo. Vlijemo v pomaščen in obložen pekač 8/20 cm in pečemo v predhodno ogreti pečici pri 160 °C/325 °F/termostat 3 1 uro, dokler zobotrebec, zapičen v sredino, ne izstopi čist. Pustite, da se ohladi v pladnju 10 minut, nato vrnite na rešetko, da se ohladi.

Korenčkovo-bučna torta

Pecite torto velikosti 23 cm

2 jajci

175 g/6 oz/¾ skodelice sladkega rjavega sladkorja

100 g/4 oz korenja, naribanega

50 g naribanih bučk

75 ml/5 žlic olja

225 g/8 oz/2 skodelici samovzhajajoče moke (samovzhajajoča)

2,5 ml/½ žličke pecilnega praška

5 ml/1 žlička mlete začimbe (jabolčna pita)

Glazura iz kremnega sira

Zmešajte jajca, sladkor, korenje, bučke in olje. Dodamo moko, pecilni prašek in začimbno mešanico ter mešamo dokler ne dobimo homogene paste. Vlijemo v pomaščen in obložen pekač premera 9 cm/23 cm in pečemo v predhodno ogreti pečici pri 180 °C/350 °F/termostat 4 30 minut, dokler zobotrebec, ki ga zapičimo v sredino, ne izstopi čist. Pustite, da se ohladi in nato pokrijte z glazuro iz kremnega sira.

Ingverjeva korenčkova torta

Naredite 20 cm torto

2/3 skodelice/6 oz/175 g masla ali margarine

100 g/4 oz/1/3 skodelice zlatega sirupa (svetla koruza)

120 ml/4 oz/½ skodelice vode

100 g/4oz/½ skodelice sladkega rjavega sladkorja

150g/5oz grobo naribanega korenja

5 ml/1 čajna žlička sode bikarbone (pecilnega praška)

200 g/7 oz/1¾ skodelice navadne moke (univerzalne)

100 g/4 oz/1 skodelica samovzhajajoče moke

5 ml/1 žlička mletega ingverja

Malo soli

Za glazuro:
175 g/6 oz/1 skodelica granuliranega (slaščičarskega) sladkorja, presejanega

5 ml/1 žlička mehkega masla ali margarine

30 ml/2 žlici limoninega soka

Maslo ali margarino s sirupom, vodo in sladkorjem raztopimo, nato pustimo, da zavre. Odstavimo z ognja in zmešamo korenje in natrijev bikarbonat. Pustimo, da se ohladi. Zmešamo moko, ingver in sol, vlijemo v pomaščen pekač 20cm/8cm (pekač) in pečemo v predhodno ogreti pečici na 180°C/350°F/termostat 4 45 minut, da naraste in postane elastičen. Igraj. Odvijte in pustite, da se ohladi.

Sladkor v prahu zmešajte z maslom ali margarino in toliko limoninega soka, da dobite mazljivo glazuro. Torto vodoravno prerežite na pol, nato pa uporabite polovico glazure, da torto prepognete, preostanek pa namažite ali namažite po vrhu.

Korenčkova torta z govedino

Pecite torto velikosti 7"/18 cm

2 veliki jajci, ločeni

150 g/5 oz/2/3 skodelice sladkorja (izjemno finega).

225 g naribanega korenja

5 oz/1¼ skodelice sesekljanih mešanih oreščkov

10 ml/2 žlički naribane limonine lupinice

50 g/2 oz/½ skodelice navadne moke (univerzalne)

2,5 ml/½ žličke pecilnega praška

Rumenjake in sladkor stepamo dokler ne postanejo gosta in kremasta. Vmešajte korenje, orehe in limonino lupinico, nato pa vmešajte še moko in pecilni prašek. Beljake stepemo toliko časa, da nastanejo mehki snegovi, nato jih vmešamo v zmes. Vlijemo v pomaščen kvadratni pekač premera 19 cm. Pecite v predhodno ogreti pečici na 180 °C/350 °F/termostat 4 40-45 minut, dokler nož, vstavljen v sredino, ne izstopi čist.

Torta s korenjem, pomarančami in govedino

Naredite 20 cm torto

100 g/4 oz/½ skodelice masla ali margarine, zmehčane

100 g/4oz/½ skodelice sladkega rjavega sladkorja

5 ml/1 čajna žlička mletega cimeta

5 ml/1 žlica naribane pomarančne lupinice

2 jajci, rahlo stepeni

15 ml/1 žlica pomarančnega soka

100 g korenja, drobno naribanega

50 g/2 oz/½ skodelice sesekljanih mešanih oreščkov

225 g/8 oz/2 skodelici samovzhajajoče moke (samovzhajajoča)

5 ml/1 žlica pecilnega praška

Zmešajte maslo ali margarino, sladkor, cimet in pomarančno lupinico, dokler ne postane svetlo in puhasto. Postopoma vmešamo jajce in pomarančni sok, nato pa vmešamo korenje, orehe, moko in pecilni prašek. Vlijemo v pomaščen in obložen model za torte 8/20 cm in pečemo v predhodno ogreti pečici na 180°C/350°F/termostat 4 45 minut, dokler ne naraste.

Kolač s korenčkom, ananasom in kokosom

Spečemo tortni pekač premera 10 palcev/25 cm

3 jajca

350 g/12 oz/1½ skodelice sladkorja (izjemno finega).

300 ml/½ pt/1¼ skodelice olja

5 ml/1 čajna žlička vaniljeve esence (izvleček)

225 g/8 oz/2 skodelici navadne moke (univerzalne)

5 ml/1 čajna žlička sode bikarbone (pecilnega praška)

10 ml/2 žlički mletega cimeta

5 ml/1 žlica soli

225 g naribanega korenja

100 g/4 oz pločevinka ananasa, odcejenega in zdrobljenega

100 g/4 oz/1 skodelica posušenega kokosa (nastrganega)

100 g/4 oz/1 skodelica sesekljanih mešanih oreščkov

Sladkor v prahu, presejan, za posipanje

Jajca, sladkor, olje in vanilijevo esenco stepemo. Zmešajte moko, sodo bikarbono, cimet in sol ter postopoma vmešajte v zmes. Vmešajte korenje, ananas, kokos in orehe. Vlijemo v z maslom namazan pekač velikosti 25 cm/10 cm in pečemo v predhodno ogreti pečici pri 160 °C/325 °F/termostat 3 1 uro in 15 minut, dokler zobotrebec, zapičen v sredino, ne izstopi čist. Pustite, da se ohladi v pekaču 10 minut, preden se vrnete na rešetko, da se ohladi. Pred serviranjem potresemo s sladkorjem v prahu.

Kolač s korenčkom in pistacijo

Pecite torto velikosti 23 cm

100 g/4 oz/½ skodelice masla ali margarine, zmehčane

100 g/4 oz/½ skodelice sladkorja (izjemno finega).

2 jajci

225 g/8 oz/2 skodelici navadne moke (univerzalne)

5 ml/1 čajna žlička sode bikarbone (pecilnega praška)

5 ml/1 čajna žlička mletega kardamoma

225 g naribanega korenja

2 oz/½ skodelice/50 g sesekljanih pistacij

50 g/2 oz/½ skodelice mletih mandljev

100 g/4 oz/2/3 skodelice rozin (zlate rozine)

Zmešajte maslo ali margarino in sladkor, da postanejo rahli in puhasti. Postopoma dodajte jajca, po vsakem dodajanju dobro stepite, nato dodajte moko, natrijev bikarbonat in kardamom. Zmešajte korenje, orehe, mlete mandlje in rozine. Mešanico vlijemo v pomaščen in obložen pekač s premerom 9 cm/23 cm in pečemo v predhodno ogreti pečici pri 350 °F/180 °C/termostat 4 40 minut, dokler ni zlato rjava in mehka na otip.

Torta s korenjem in orehi

Pecite torto velikosti 23 cm

200 ml/7 fl oz/liter 1 skodelica olja

4 jajca

225 g/8 oz/2/3 skodelice prečiščenega medu

225 g/8 oz/2 skodelici polnozrnate pšenične moke (polnozrnate pšenice).

10 ml / 2 žlici pecilnega praška

2,5 ml/½ žličke sode bikarbone (pecilnega praška)

Malo soli

5 ml/1 čajna žlička vaniljeve esence (izvleček)

6 oz/175 g korenja, grobo naribanega

175 g/6 oz/1 skodelica rozin

100 g/4 oz/1 skodelica orehov, drobno sesekljanih

Zmešajte olje, jajce in med. Postopoma dodajte vse preostale sestavine in stepajte, dokler se dobro ne združijo. Vlijemo v z maslom namazan in pomokan pekač premera 23 cm in pečemo v predhodno ogreti pečici pri 180°C/350°F/termostat 4 1 uro, dokler zobotrebec, ki ga zapičimo v sredino, ne izstopi čist.

Pikantna korenčkova torta

Pecite torto velikosti 7"/18 cm

175 g/6 oz/1 skodelica datljev

120 ml/4 oz/½ skodelice vode

6 oz/¾ skodelice/175 g masla ali margarine, zmehčane

2 jajci, rahlo stepeni

225 g/8 oz/2 skodelici samovzhajajoče moke (samovzhajajoča)

6 oz/175 g korenčka, drobno naribanega

25 g/1 oz/¼ skodelice mletih mandljev

naribana lupina 1 pomaranče

2,5 ml/½ čajne žličke. mlete začimbe (jabolčna pita)

2,5 ml/½ čajne žličke mletega cimeta

2,5 ml/½ čajne žličke mletega ingverja

Za glazuro:
350 g/12 oz/1½ skodelice skute

25 g/1 oz/2 žlici zmehčanega masla ali margarine

naribana lupina 1 pomaranče

Datlje in vodo dajte v manjšo ponev, zavrite in kuhajte 10 minut, dokler se ne zmehčajo. Odstranite in zavrzite koščico(e), nato pa datlje drobno sesekljajte. Datlje in tekočino, maslo ali margarino in jajca zmiksaj toliko časa, da postane kremasto. Zmešajte vse preostale sestavine za torto. Zmes vlijemo v pomaščen in obložen pekač premera 7 cm/18 cm in pečemo v predhodno ogreti pečici pri 180 °C/350 °F/termostat 4 1 uro, dokler zobotrebec, ki ga zapičimo v sredino, ne izstopi čist. Pustite, da se ohladi v pekaču 10 minut, preden se vrnete na rešetko, da se ohladi.

Za pripravo glazure mešajte vse sestavine, dokler ne dobite mazljive konsistence, po potrebi dodajte malo pomarančnega soka ali vode. Torto vodoravno razpolovite, dodajte plasti s polovico sladoleda in po vrhu razporedite preostanek.

Korenčkova torta iz rjavega sladkorja

Pecite torto velikosti 7"/18 cm

5 jajc, ločenih

200g/7oz/lit 1 skodelica sladkega rjavega sladkorja

15 ml/1 žlica limoninega soka

10 oz/300 g naribanega korenja

225 g/8 oz/2 skodelici mletih mandljev

25 g/1 oz/¼ skodelice polnozrnate (pšenične) moke.

5 ml/1 čajna žlička mletega cimeta

25 g/1 oz/2 žlici masla ali margarine, stopljene

25 g/1 oz/2 žlici železnega sladkorja (super fin).

30 ml/2 žlici smetane (svetle)

75 g/3 oz/¾ skodelice sesekljanih mešanih oreščkov

Rumenjake penasto stepemo, vmešamo sladkor do gladkega, nato vmešamo še limonin sok. Vmešajte tretjino korenja, nato tretjino mandljev in tako počnite, dokler se vse ne poveže. Zmešajte moko in cimet. Iz beljakov stepemo trd sneg, ki ga s kovinsko žlico vmešamo v zmes. Vlijemo v pomaščen in z maslom namazan pekač premera 18 cm in pečemo v predhodno ogreti pečici na 180°C/350°F/termostat 4 1 uro. Torto pokrijte s pergamentnim papirjem (povoskanim) in znižajte temperaturo pečice na 160°C/325°F/termostat 3 za nadaljnjih 15 minut ali dokler se torta nekoliko ne skrči s strani pekača in je sredina še vedno vlažna.

Združite stopljeno maslo ali margarino, sladkor, smetano in orehe, prelijte torto in kuhajte pod srednjim žarom do zlato rjave barve.

Torta iz bučk in semen

Naredite 20 cm torto

225 g/8 oz/1 skodelica sladkorja v prahu (super fin).

2 jajci, pretepeni

120 ml/4 oz/½ skodelice olja

100 g/4 oz/1 skodelica navadne moke (za vse namene)

5 ml/1 žlica pecilnega praška

2,5 ml/½ žličke sode bikarbone (pecilnega praška)

2,5 ml/½ čajne žličke soli

100 g/4 oz bučk, naribanih

100 g/4 oz zdrobljenega ananasa

50 g/2 oz/½ skodelice orehov, sesekljanih

5 ml/1 čajna žlička vaniljeve esence (izvleček)

Sladkor in jajca mešajte, dokler ne postanejo bledi in dobro združeni. Dodajte olje in nato suhe sestavine. Dodajte bučke, ananas, orehe in vanilijevo esenco. Vlijemo v namazan in pomokan 20 cm pekač in pečemo v predhodno ogreti pečici na 180°C/350°F/termostat 4 1 uro, dokler zobotrebec, ki ga zapičimo v sredino, ne izstopi čist. Pustite, da se ohladi v pekaču 30 minut, preden ga obrnete na rešetko, da se ohladi.

Bučna in pomarančna torta

Spečemo tortni pekač premera 10 palcev/25 cm

8 oz / 1 skodelica masla ali margarine, zmehčane

450 g/1 lb/2 skodelici sladkega rjavega sladkorja

4 jajca, rahlo stepena

275 g/10 oz/2½ skodelice navadne moke (univerzalne)

15 ml/1 žlica pecilnega praška

2,5 ml/½ čajne žličke soli

5 ml/1 čajna žlička mletega cimeta

2,5 ml/½ čajne žličke naribanega muškatnega oreščka

Ščepec mletih nageljnovih žbic

Lupina in sok 1 pomaranče

225 g/8 oz/2 skodelici naribanih bučk

Zmešajte maslo ali margarino in sladkor, da postanejo rahli in puhasti. Postopoma dodajajte jajca in nato moko, pecilni prašek, sol in začimbe, izmenično s pomarančno lupinico in sokom. Vmešamo bučke. Vlijemo v pomaščen in obložen pekač 10/25 cm in pečemo v predhodno ogreti pečici na 180°C/350°F/termostat 4 1 uro, dokler ne postanejo zlate in elastične na otip. Če vrh proti koncu pečenja začne rjaveti, pokrijte s pergamentnim (povoščenim) papirjem.

Bučna začimbna torta

Spečemo tortni pekač premera 10 palcev/25 cm

350 g/12 oz/3 skodelice navadne moke (za vse namene)

10 ml / 2 žlici pecilnega praška

7,5 ml/1½ žličke mletega cimeta

5 ml/1 čajna žlička sode bikarbone (pecilnega praška)

2,5 ml/½ čajne žličke soli

8 beljakov

450 g/1 lb/2 skodelici sladkorja v prahu (super fin).

100 g/4 oz/1 skodelica jabolčne čemačke (omaka)

120 ml/4 oz/½ skodelice pinjenca

15 ml/1 žlica vaniljeve esence (izvleček)

5 ml/1 čajna žlička drobno naribane pomarančne lupinice

350 g/12 oz/3 skodelice bučk (bučk), naribanih

75 g/3 oz/¾ skodelice sesekljanih orehov

Za okras:

100 g/4 oz/½ skodelice kremnega sira

25 g/1 oz/2 žlici zmehčanega masla ali margarine

5 ml/1 čajna žlička drobno naribane pomarančne lupinice

10 ml/2 žlički pomarančnega soka

2 skodelici/12 oz/350 g (slaščičarskega) sladkorja v prahu, presejanega

Zmešajte suhe sestavine. Beljake stepamo toliko časa, da nastanejo mehki snegovi. Počasi dodajte sladkor, nato jabolčno omako, maslo, vanilijevo esenco in pomarančno lupinico. Vmešajte mešanico moke, nato pa bučo in orehe. Vlijemo v pomaščen in pomokan pekač velikosti 10 cm/25 cm in pečemo v predhodno ogreti pečici pri 150 °C/300 °F/termostat 2 1 uro, dokler zobotrebec, ki ga zapičimo v sredino, ne izstopi čist. Pustite, da se ohladi v pekaču.

Vse sestavine za nadev zmešajte do gladkega in dodajte toliko sladkorja, da dobite konsistenco za mazanje. Premažemo po ohlajeni torti.

Bučna torta

Spečemo tortni pekač 9 x 13 inčev/23 x 33 cm
450 g/1 lb/2 skodelici sladkorja v prahu (super fin).

4 jajca, pretepena

375 ml/13 oz/1½ skodelice olja

350 g/12 oz/3 skodelice navadne moke (za vse namene)

15 ml/1 žlica pecilnega praška

10 ml/2 žlički sode bikarbone (pecilnega praška)

10 ml/2 žlički mletega cimeta

2,5 ml/½ čajne žličke mletega ingverja

Malo soli

225 g/8 oz na kocke narezane kuhane buče

100 g/4 oz/1 skodelica sesekljanih orehov

Sladkor in jajca mešajte, dokler se dobro ne združita, nato vmešajte olje. Zmešajte preostale sestavine. Vlijemo v pomaščen in pomokan pekač 23 x 33 cm in pečemo v predhodno ogreti pečici na 180°C/termostat 4 1 uro, dokler zobotrebec, ki ga zapičimo v sredino, ne izstopi čist.

Strašna bučna pita

Naredite 20 cm torto

100 g/4 oz/½ skodelice masla ali margarine, zmehčane

150 g/5 oz/2/3 skodelice sladkega rjavega sladkorja

2 jajci, rahlo stepeni

8 oz/225 g hladno kuhane buče

30 ml/2 žlici zlatega sirupa (svetla koruza)

8 oz/225 g 1/1/3 skodelice mešanih oreščkov (mešanica za sadno torto)

225 g/8 oz/2 skodelici samovzhajajoče moke (samovzhajajoča)

50 g/2 oz/½ skodelice otrobov

Zmešajte maslo ali margarino in sladkor, da postanejo rahli in puhasti. Postopoma dodajte jajca in nato dodajte preostale sestavine. Vlijemo v pomaščen in obložen pekač 8/20 cm in pečemo v predhodno ogreti pečici pri 160 °C/325 °F/termostat 3 1 uro in 15 minut, dokler zobotrebec, ki ga zapičimo v sredino, ne izstopi čist.

Pikantna bučna rolada

Naredite 30 cm/12 palcev zvitek

75 g/3 oz/¾ skodelice navadne moke (univerzalne)

5 ml/1 čajna žlička sode bikarbone (pecilnega praška)

5 ml/1 žlička mletega ingverja

2,5 ml/½ čajne žličke naribanega muškatnega oreščka

10 ml/2 žlički mletega cimeta

Malo soli

1 jajce

225 g/8 oz/1 skodelica sladkorja v prahu (super fin).

100 g/4 oz kuhane buče, narezane na kocke

5 ml/1 čajna žlička limoninega soka

4 beljaki

50 g/2 oz/½ skodelice orehov, sesekljanih

1/3 skodelice/2 oz/50 g slaščičarskega sladkorja, presejanega

Za nadev:

175 g/6 oz/1 skodelica granuliranega (slaščičarskega) sladkorja, presejanega

100 g/4 oz/½ skodelice kremnega sira

2,5 ml/½ čajne žličke vaniljeve esence (izvleček)

Zmešamo moko, sodo bikarbono, začimbe in sol. Jajce stepamo do gostega in bledega, nato pa vmešamo sladkor, dokler zmes ne postane bleda in kremasta. Primešamo bučo in limonin sok. Vmešajte mešanico moke. V čisti skledi iz beljakov stepemo trd sneg. Tortno mešanico zložimo v pomaščen in obložen pekač 30x12cm/12x8 in po vrhu potresemo orehe. Pecite v predhodno ogreti pečici na 190°C/375°F/termostat 5 10 minut, dokler niso mehki na otip. Sladkor v prahu presejte na čisto brisačo in torto obrnite na brisačo. Odstranimo peki papir in torto zavijemo v brisačo ter pustimo, da se ohladi.

Za pripravo nadeva postopoma stepajte sladkor v kremni sir in vanilijevo esenco, dokler ne dobite mazljive zmesi. Kolač razvaljamo in po vrhu namažemo nadev. Torto zvijemo nazaj in pustimo, da se ohladi, preden jo postrežemo, potresemo jo z malo sladkorja v prahu.

Kolač z rabarbaro in medom

Naredi dve torti po 1 lb/450 g

250 g/9 oz/¾ skodelice čistega medu

100 ml/4 oz/½ skodelice olja

1 jajce

5 ml/1 čajna žlička sode bikarbone (pecilnega praška)

60 ml / 4 žlice vode

350 g/12 oz/3 skodelice polnozrnate (pšenične) moke.

10 ml/2 žlici soli

350 g/12 oz rabarbare, drobno sesekljane

5 ml/1 čajna žlička vaniljeve esence (izvleček)

2 oz/½ skodelice/50 g sesekljanih mešanih oreščkov (neobvezno)

Za okras:

75 g/3 oz/1/3 skodelice sladkorja v prahu

5 ml/1 čajna žlička mletega cimeta

15 g/½ oz/1 žlica zmehčanega masla ali margarine

Zmešajte med in olje. Dodamo jajce in dobro stepemo. Dodajte sodo bikarbono v vodo in pustite, da se raztopi. Zmešajte moko in sol. Dodajte mešanici medu izmenično s sodo bikarbono ali mešanico sode bikarbone. Po želji dodajte rabarbaro, vanilijevo esenco in orehe. Vlijemo v dva namaščena pekača po 450g/1lb. Sestavine za preliv zmešamo in premažemo po tortni zmesi. Pecite v predhodno ogreti pečici na 180°C/350°F/termostat 4 1 uro, dokler niso mehki na otip.

Torta iz sladkega krompirja

Pecite torto velikosti 23 cm

300 g/11 oz/2¾ skodelice navadne moke (za vse namene)

15 ml/1 žlica pecilnega praška

5 ml/1 čajna žlička mletega cimeta

5 ml/1 žlica naribanega muškatnega oreščka

Malo soli

350 g/12 oz/1¾ skodelice železnega sladkorja (super finega).

375 ml/13 oz/1½ skodelice olja

60 ml / 4 žlice vrele vode

4 jajca, ločena

225 g/8 oz sladkega krompirja, olupljenega in grobo naribanega

100 g/4 oz/1 skodelica sesekljanih mešanih oreščkov

5 ml/1 čajna žlička vaniljeve esence (izvleček)

Za glazuro:

8 oz/11/3 skodelice sladkorja v prahu (slaščice), presejanega

2 oz/¼ skodelice/50 g zmehčanega masla ali margarine

250 g/9oz/1 srednja tuba kremnega sira

50 g/2 oz/½ skodelice sesekljanih mešanih oreščkov

Ščepec mletega cimeta za posip

Zmešajte moko, pecilni prašek, cimet, muškatni orešček in sol. Zmešajte sladkor in olje, nato dodajte vrelo vodo in stepajte, dokler ni dobro premešano. Dodajte mešanico rumenjakov in moke ter mešajte, dokler se dobro ne poveže. Zmešajte sladki krompir, orehe in vanilijevo esenco. Iz kuhanih beljakov stepemo sneg in ga nato vmešamo v zmes. Vlijemo v dva pomaščena in pomokana modela premera 9 cm/23 cm in pečemo v predhodno ogreti pečici na 180°C/350°F/termostat 4 40 minut, da postane prožen na otip. Pustite, da se ohladi v pekačih 5 minut, nato pa obrnite na rešetko, da se ohladi.

Zmešajte sladkor v prahu, maslo ali margarino in polovico kremnega sira. Polovico preostalega kremnega sira namažite po torti, nato pa po siru premažite glazuro. Sendvič torte skupaj. Po vrhu razporedite preostanek kremnega sira in pred serviranjem potresite z orehi in cimetom.

Italijanska mandljeva torta

Naredite 20 cm torto

1 jajce

150 ml/¼ pt/2/3 skodelice mleka

2,5 ml/½ žličke mandljeve esence (izvleček)

45 ml/3 žlice stopljenega masla

350 g/12 oz/3 skodelice navadne moke (za vse namene)

100 g/4 oz/½ skodelice sladkorja (izjemno finega).

10 ml / 2 žlici pecilnega praška

2,5 ml/½ čajne žličke soli

1 beljak

100 g/4 oz/1 skodelica narezanih mandljev

V skledi stepite jajce, nato postopoma dodajte mleko, mandljevo esenco in stopljeno maslo ob stalnem mešanju. Dodamo moko, sladkor, pecilni prašek in sol ter nadaljujemo z mešanjem do gladkega. Vlijemo v namazan in obložen 20 cm model. Iz beljakov stepemo sneg, ki ga izdatno namažemo na torto in potresemo z mandlji. Pečemo v predhodno ogreti pečici na 220°C/425°F/termostat 7 25 minut, dokler ne postanejo zlato rjave in prožne na otip.

Torta z mandlji in kavo

Pecite torto velikosti 23 cm

8 jajc, ločenih

175 g/6 oz/¾ skodelice sladkorja v prahu (super finega).

60 ml/4 žlice močne črne kave

175 g mletih mandljev

45 ml/3 žlice zdroba (pšenična krema)

100 g/4 oz/1 skodelica navadne moke (za vse namene)

Rumenjake in sladkor kremasto stepemo. Dodamo kavo, mlete mandlje in zdrob ter dobro premešamo. Zmešajte moko. Iz kuhanih beljakov stepemo sneg in ga nato vmešamo v zmes. Vlijemo v pomaščen pekač premera 9 cm/23 cm in pečemo v predhodno ogreti pečici na 180 °C/350 °F/termostat 4 45 minut, dokler ne postane prožen na otip.

Torta z mandlji in medom

Naredite 20 cm torto

225 g naribanega korenja

75 g/3 oz/¾ skodelice mandljev, sesekljanih

2 jajci, pretepeni

100 ml/4 fl oz/½ skodelice očiščenega medu

60 ml/4 žlice olja

150 ml/¼ pt/2/3 skodelice mleka

150 g/5 oz/1¼ skodelice polnozrnate pšenične moke (polnozrnate)

10 ml/2 žlici soli

10 ml/2 žlički sode bikarbone (pecilnega praška)

15 ml/1 žlica mletega cimeta

Vmešajte korenje in oreščke. Jajca stepemo z medom, oljem in mlekom, nato dodamo korenčkovi mešanici. Vmešajte moko, sol, sodo bikarbono in cimet ter vmešajte korenčkovo zmes. Zmes vlijemo v pomaščen in obložen kvadratni pekač s premerom 20 cm in pečemo v predhodno ogreti pečici pri 150 °C/300 °F/termostat 2 1 3/4 ure, dokler zobotrebec, zapičen v sredino, ne izstopi čist. Pustite, da se ohladi v pekaču 10 minut, preden ga odvijete.

Torta z mandlji in limono

Pecite torto velikosti 23 cm

25 g/1 oz/¼ skodelice naribanih mandljev

100 g/4 oz/½ skodelice masla ali margarine, zmehčane

100 g/4oz/½ skodelice sladkega rjavega sladkorja

2 jajci, pretepeni

100 g/4 oz/1 skodelica samovzhajajoče moke

lupina 1 limone

Za sirup:
75 g/3 oz/1/3 skodelice sladkorja v prahu (super fin).

45-60 ml/3-4 žlice limoninega soka

Namastite in obložite pekač s premerom 23 cm in potresite mandlje po dnu. Zmešajte maslo in rjavi sladkor. Eno za drugim stepemo jajca ter dodamo moko in limonino lupinico. Vlijemo v pripravljeno obliko in zgladimo površino. Pecite v predhodno ogreti pečici na 180°C/350°F/termostat 4 20-25 minut, dokler niso dobro napihnjeni in elastični na otip.

Medtem v kozici med občasnim mešanjem segrevajte sladkor v prahu in limonin sok, dokler se sladkor ne raztopi. Odstranite torto iz pečice in pustite, da se ohladi 2 minuti, nato pa jo obrnite na rešetko s spodnjo stranjo navzgor. Prelijemo s sirupom in pustimo, da se popolnoma ohladi.

Mandljeva torta s pomarančami

Naredite 20 cm torto

8 oz / 1 skodelica masla ali margarine, zmehčane

225 g/8 oz/1 skodelica sladkorja v prahu (super fin).

4 jajca, ločena

225 g/8 oz/2 skodelici navadne moke (univerzalne)

10 ml / 2 žlici pecilnega praška

50 g/2 oz/½ skodelice mletih mandljev

5 ml/1 žlica naribane pomarančne lupinice

Zmešajte maslo ali margarino in sladkor, da postanejo rahli in puhasti. Rumenjake stepemo, nato dodamo moko, pecilni prašek, mlete mandlje in pomarančno lupinico. Iz beljakov stepemo trd sneg, ki ga s kovinsko žlico vmešamo v zmes. Vlijemo v pomaščen in obložen pekač 8/20 cm in pečemo v predhodno ogreti pečici pri 180°C/350°F/termostat 4 1 uro, dokler zobotrebec, zapičen v sredino, ne izstopi čist.

Bogata mandljeva torta

Pecite torto velikosti 7"/18 cm

100 g/4 oz/½ skodelice masla ali margarine, zmehčane

150 g/5 oz/2/3 skodelice sladkorja (izjemno finega).

3 jajca, rahlo stepena

75 g/3 oz/¾ skodelice mletih mandljev

50 g/2 oz/½ skodelice navadne moke (univerzalne)

Nekaj kapljic mandljeve esence (izvleček)

Zmešajte maslo ali margarino in sladkor, da postanejo rahli in puhasti. Po malem dodajajte jajca, nato dodajte mlete mandlje, moko in mandljevo esenco. Vlijemo v pomaščen in obložen pekač premera 7 cm/18 cm in pečemo v predhodno ogreti pečici pri 180°C/350°F/termostat 4 45 minut, dokler ne naraste.

Švedska makaronska torta

Pecite torto velikosti 23 cm

100 g/4 oz/1 skodelica mletih mandljev

75 g/3 oz/1/3 skodelice granuliranega sladkorja

5 ml/1 žlica pecilnega praška

2 velika beljaka, stepena

Zmešajte mandlje, sladkor in pecilni prašek. Beljake stepamo toliko časa, da zmes postane gosta in gladka. Vlijemo v pomaščen in obložen pekač za sendviče premera 9 cm/23 cm in pečemo v predhodno ogreti pečici na 160°C/termostat 3 20-25 minut, dokler ni pečen in zlato rjav. Zelo enostavno se razpade, ker je torta krhka.

kokosov kruh

Naredi 450 g/1 lb štruco

100 g/4 oz/1 skodelica samovzhajajoče moke

225 g/8 oz/1 skodelica sladkorja v prahu (super fin).

100 g/4 oz/1 skodelica posušenega kokosa (nastrganega)

1 jajce

120 ml/½ skodelice mleka

Malo soli

Vse sestavine dobro premešajte in vlijte v pomaščen in z maslom namazan 450g/1lb model. Pečemo v predhodno ogreti pečici na 180°C/350°F/termostat 4 približno 1 uro, dokler ne postanejo zlato rjave in prožne na otip.

Kokosova torta

Pecite torto velikosti 23 cm

75 g/3 oz/1/3 skodelice masla ali margarine

150 ml/¼ pt/2/3 skodelice mleka

2 jajci, rahlo stepeni

225 g/8 oz/1 skodelica sladkorja v prahu (super fin).

150 g/5 oz/1¼ skodelice samovzhajajoče moke

Malo soli

Za okras:
100 g/4 oz/½ skodelice masla ali margarine

75 g/3 oz/¾ skodelice posušenega kokosa (nastrganega)

60 ml/4 žlice bistrega medu

45 ml/3 žlice mleka

50 g/2 oz/¼ skodelice sladkega rjavega sladkorja

V mleku stopite maslo ali margarino in pustite, da se nekoliko ohladi. Jajca in sladkor v prahu zmešajte, dokler ne postanejo rahli in puhasti, nato pa vmešajte mešanico masla in mleka. Dodajte moko in sol v precej fino zmes. Vlijemo v pomaščen in obložen pekač premera 9 cm/23 cm in pečemo v predhodno ogreti pečici na 180 °C/350 °F/termostat 4 40 minut, dokler ne postanejo zlate in elastične na otip.

Medtem v loncu zavremo sestavine za nadev. Še toplo torto obrnemo in pokrijemo z mešanico za preliv. Za nekaj minut postavite pod vroč pitovni piščančje meso, dokler se nadev ne obarva.

Zlata torta s kokosom

Naredite 20 cm torto

100 g/4 oz/½ skodelice masla ali margarine, zmehčane

200 g/7 oz/lite 1 skodelica sladkorja v prahu (super finega).

200 g/7 oz/1¾ skodelice navadne moke (univerzalne)

10 ml / 2 žlici pecilnega praška

Malo soli

175 ml/6 fl oz/¾ skodelice mleka

3 beljaki

Za nadev in nadev:

150 g/5 oz/1¼ skodelice posušenega kokosa (nastrganega)

200 g/7 oz/lite 1 skodelica sladkorja v prahu (super finega).

120 ml/½ skodelice mleka

120 ml/4 oz/½ skodelice vode

3 rumenjaki

Zmešajte maslo ali margarino in sladkor, da postanejo rahli in puhasti. V mešanici mleka in vode izmenično dodajamo moko, pecilni prašek in sol, dokler ne nastane homogena masa. Iz kuhanih beljakov stepemo sneg in ga nato vmešamo v testo. Zmes vlijemo v dva namaščena pekača 8/20 cm in pečemo v predhodno ogreti pečici na 180°C/350°F/termostat 4 25 minut, dokler ne naraste. Pustimo, da se ohladi.

V majhni kozici zmešajte kokos, sladkor, mleko in rumenjake. Med nenehnim mešanjem kuhajte nekaj minut, dokler se jajca ne skuhajo. Pustimo, da se ohladi. Polovico kokosove zmesi razporedite po piškotih, nato pa prelijte s preostankom.

Kokosova plast torta

Spečemo tortni pekač 3½ x 7"/9 x 18 cm

100 g/4 oz/½ skodelice masla ali margarine, zmehčane

175 g/6 oz/¾ skodelice sladkorja v prahu (super finega).

3 jajca

175 g/6 oz/1½ skodelice navadne moke (univerzalne)

5 ml/1 žlica pecilnega praška

175 g/6 oz/1 skodelica rozin (zlate rozine)

120 ml/½ skodelice mleka

6 navadnih piškotov (piškotov), zdrobljenih

100 g/4oz/½ skodelice sladkega rjavega sladkorja

100 g/4 oz/1 skodelica posušenega kokosa (nastrganega)

Zmešajte maslo ali margarino in sladkor v prahu, da postanejo rahli in puhasti. Postopoma dodajte dve jajci, nato pa izmenično z mlekom vmešajte moko, pecilni prašek in rozine. Polovico mešanice vlijemo v pomaščen in z maslom namazan 450 g/1lb model. Preostala jajca zmešamo s piškotnimi drobtinami, rjavim sladkorjem in kokosom ter potresemo po pekaču. Vlijemo preostanek zmesi in pečemo v predhodno ogreti pečici na 180°C/350°F/termostat 4 1 uro. Pustite, da se ohladi v pladnju 30 minut, nato vrnite na rešetko, da se ohladi.

Kokosova limonina torta

Naredite 20 cm torto

100 g/4 oz/½ skodelice masla ali margarine, zmehčane

75 g/3 oz/1/3 skodelice sladkega rjavega sladkorja

lupina 1 limone

1 jajce, pretepeno

Nekaj kapljic mandljeve esence (izvleček)

350 g/12 oz/3 skodelice samovzhajajoče moke

60 ml/4 žlice malinovega džema (iz pločevinke)

Za okras:

1 jajce, pretepeno

75 g/3 oz/1/3 skodelice sladkega rjavega sladkorja

225 g/8 oz/2 skodelici posušenega kokosa (nastrganega)

Zmešajte maslo ali margarino, sladkor in limonino lupinico, da postane svetlo in puhasto. Postopoma dodajte jajce in mandljevo esenco, nato dodajte moko. Zmes vlijemo v pomaščen in obložen pekač premera 20 cm. Zmes prelijemo z marmelado. Sestavine za nadev zmešamo in premažemo po zmesi. Pecite v predhodno ogreti pečici na 180°C/350°F/termostat 4 30 minut, dokler niso mehki na otip. Pustite, da se ohladi v pekaču.

Novoletna kokosova torta

Pecite torto velikosti 7"/18 cm

100 g/4 oz/½ skodelice masla ali margarine, zmehčane

100 g/4 oz/½ skodelice sladkorja (izjemno finega).

2 jajci, rahlo stepeni

75 g/3 oz/¾ skodelice navadne moke (univerzalne)

45 ml/3 žlice posušenega kokosa (naribanega)

30 ml/2 žlici ruma

Nekaj kapljic mandljeve esence (izvleček)

Nekaj kapljic limonine esence (izvleček)

Maslo in sladkor stepamo, dokler ne postanejo rahli in puhasti. Po malem dodajamo jajca, nato dodamo moko in kokos. Dodamo rum in esence. Vlijemo v pomaščen in obložen pekač premera 18 cm/7 cm in zgladimo površino. Pecite v predhodno ogreti pečici na 190 °C/375 °F/termostat 5 45 minut, dokler zobotrebec, ki ga zapičite v sredino, ne izstopi čist. Pustite, da se ohladi v pekaču.

Sultanka s kokosom

Pecite torto velikosti 23 cm

100 g/4 oz/½ skodelice masla ali margarine, zmehčane

175 g/6 oz/¾ skodelice sladkorja v prahu (super finega).

2 jajci, rahlo stepeni

175 g/6 oz/1½ skodelice navadne moke (univerzalne)

5 ml/1 žlica pecilnega praška

Malo soli

175 g/6 oz/1 skodelica rozin (zlate rozine)

120 ml/½ skodelice mleka

Za nadev:

1 jajce, rahlo stepeno

50 g/2 oz/½ skodelice navadnih piškotnih drobtin (torta).

100 g/4oz/½ skodelice sladkega rjavega sladkorja

100 g/4 oz/1 skodelica posušenega kokosa (nastrganega)

Zmešajte maslo ali margarino in sladkor v prahu, da postanejo rahli in puhasti. Postopoma dodajte jajca. Moko, pecilni prašek, sol in rozine zmešamo s toliko mleka, da dobimo gladko zmes. Polovico zmesi vlijemo v namaščen pekač premera 23 cm/9. Zmešajte sestavine za preliv in prelijte zmes, nato pa pokrijte s preostalo zmesjo za torte. Pecite v predhodno ogreti pečici na 180 °C/350 °F/termostat 4 1 uro, dokler ne postane vzmeten na dotik in se začne odmikati od sten pekača. Pustite, da se ohladi v pekaču, preden ga odvijete.

Hrustljava goveja torta

Pecite torto velikosti 23 cm

8 oz / 1 skodelica masla ali margarine, zmehčane

225 g/8 oz/1 skodelica sladkorja v prahu (super fin).

2 jajci, rahlo stepeni

225 g/8 oz/2 skodelici navadne moke (univerzalne)

2,5 ml/½ žličke sode bikarbone (pecilnega praška)

2,5 ml/½ žličke vinskega kamna

7 fl oz/liter 200 ml 1 skodelica mleka

Za okras:

100 g/4 oz/1 skodelica sesekljanih mešanih oreščkov

100 g/4oz/½ skodelice sladkega rjavega sladkorja

5 ml/1 čajna žlička mletega cimeta

Zmešajte maslo ali margarino in sladkor v prahu, da postanejo rahli in puhasti. Postopoma dodajte jajca, nato pa izmenično dodajte moko, natrijev bikarbonat in vinski kamen. Vlijemo v pomaščen in obložen 23 cm pekač za torte. Zmešajte orehe, rjavi sladkor in cimet ter potresite po torti. Pečemo v predhodno ogreti pečici na 180°C/350°F/termostat 4 40 minut, dokler ne postanejo zlato rjave in se odmaknejo od sten pekača. Pustite, da se ohladi v pladnju 10 minut, nato vrnite na rešetko, da se ohladi.

Torta z mešanim mesom

Pecite torto velikosti 23 cm

100 g/4 oz/½ skodelice masla ali margarine, zmehčane

225 g/8 oz/1 skodelica sladkorja v prahu (super fin).

1 jajce, pretepeno

225 g/8 oz/2 skodelici samovzhajajoče moke (samovzhajajoča)

10 ml / 2 žlici pecilnega praška

Malo soli

250 ml/8 oz/1 skodelica mleka

5 ml/1 čajna žlička vaniljeve esence (izvleček)

2,5 ml/½ čajne žličke limonine esence (izvleček)

100 g/4 oz/1 skodelica sesekljanih mešanih oreščkov

Zmešajte maslo ali margarino in sladkor, da postanejo rahli in puhasti. Po malem dodajte jajce. Zmešamo moko, kvas in sol ter dodajamo mešanici izmenično z mlekom in esencami. Obrnite matice. Vlijemo v dva pomaščena in obložena modela za torte premera 23 cm in pečemo v predhodno ogreti pečici na 180°F/350°F/termostat 4 40 minut, dokler zobotrebec, ki ga zapičimo v sredino, ne izstopi čist.

Grška goveja torta

Spečemo tortni pekač premera 10 palcev/25 cm

100 g/4 oz/½ skodelice masla ali margarine, zmehčane

225 g/8 oz/1 skodelica sladkorja v prahu (super fin).

3 jajca, rahlo stepena

2¼ skodelice/9 oz/250 g navadne moke (za vse namene)

225 g/8 oz/2 skodelici mletih orehov

10 ml / 2 žlici pecilnega praška

5 ml/1 čajna žlička mletega cimeta

1,5 ml/¼ žličke mletih nageljnovih žbic

Malo soli

75 ml/5 žlic mleka

Za medeni sirup:

175 g/6 oz/¾ skodelice sladkorja v prahu (super finega).

75 g/3 oz/¼ skodelice čistega medu

15 ml/1 žlica limoninega soka

250 ml/8 fl oz/1 skodelica vrele vode

Zmešajte maslo ali margarino in sladkor, da postanejo rahli in puhasti. Postopoma dodajamo jajca in nato moko, orehe, pecilni prašek, začimbe in sol. Dodamo mleko in mešamo do homogenosti. Vlijemo v pomokan 10cm/25cm pekač in pečemo v predhodno ogreti pečici na 180°C/350°F/termostat 4 40 minut, da postane elastičen na otip. Pustimo, da se 10 minut ohlaja v pekaču, nato pa ga preložimo na žar.

Za pripravo sirupa zmešajte sladkor, med, limonin sok in vodo ter segrevajte, dokler se ne raztopijo. Topel kolač prebodemo z vilicami, nato pa ga pokapljamo z medenim sirupom.

Orehova sladoledna torta

Pecite torto velikosti 7"/18 cm

100 g/4 oz/½ skodelice masla ali margarine, zmehčane

100 g/4 oz/½ skodelice sladkorja (izjemno finega).

2 jajci, rahlo stepeni

100 g/4 oz/1 skodelica samovzhajajoče moke

100 g/4 oz/1 skodelica sesekljanih orehov

Malo soli

Za glazuro:

450 g/1 lb/2 skodelici granuliranega sladkorja

150 ml/¼ pt/2/3 skodelice vode

2 beljaka

Nekaj polovic orehov za okras

Zmešajte maslo ali margarino in sladkor v prahu, da postanejo rahli in puhasti. Postopoma dodajamo jajca in nato moko, orehe in sol. Zmes vlijemo v dva pomaščena in obložena modela za torte 18 cm/7" in pečemo v predhodno ogreti pečici na 180°C/termostat 4 25 minut, da dobro naraste in postane elastična na otip. Pustimo, da se ohladi.

Sladkor v prahu raztopite v vodi na nizkem ognju ob stalnem mešanju, nato zavrite in kuhajte brez mešanja, dokler kapljica mešanice ne oblikuje mehke kroglice, ko jo vlijete v hladno vodo. Medtem iz beljakov v čisti skledi stepemo trd sneg. Beljake prelijemo s sirupom in stepamo toliko časa, da je zmes dovolj gosta, da lahko premažemo hrbtno stran žlice. Torto premažite s plastjo glazure, nato pa preostanek namažite po vrhu in ob straneh torte ter okrasite z orehovimi polovicami.

Orehova torta s čokoladno kremo

Pecite torto velikosti 7"/18 cm

3 jajca

75 g/3 oz/1/3 skodelice sladkega rjavega sladkorja

50 g/2 oz/½ skodelice polnozrnate pšenične moke (polnozrnate pšenice).

25 g/1 oz/¼ skodelice kakava v prahu (nesladkana čokolada)

Za glazuro:
150 g/5 oz/1¼ skodelice navadne čokolade (polsladke)

225 g/8 oz/1 skodelica nemastnega kremnega sira

45 ml/3 žlice sladkorja v prahu (slaščičarski), presejan

75 g/3 oz/¾ skodelice sesekljanih orehov

15 ml/1 žlica konjaka (neobvezno)

Naribana čokolada za okras

Jajca in rjavi sladkor mešajte, dokler ne postanejo bledi in gosto. Zmešajte moko in kakav. Zmes vlijemo v dva pomaščena in obložena pekača za sendviče premera 7 cm/18 cm in pečemo v predhodno ogreti pečici pri 190 °C/375 °F/termostat 5 15-20 minut, dokler se dobro ne napihne in postane elastična na dotik. Odstranite iz modelov in pustite, da se ohladi.

Čokolado stopite v toplotno odporni posodi nad ponvo z rahlo vrelo vodo. Odstavite z ognja in vmešajte kremni sir in sladkor v prahu, nato vmešajte orehe in žganje, če ga uporabljate. Večino nadeva namažemo na piškote, preostanek pa namažemo po vrhu. Okrasimo z naribano čokolado.

Kolač z medom in cimetom

Pecite torto velikosti 23 cm

225 g/8 oz/2 skodelici navadne moke (univerzalne)

10 ml / 2 žlici pecilnega praška

5 ml/1 čajna žlička sode bikarbone (pecilnega praška)

5 ml/1 čajna žlička mletega cimeta

Malo soli

100 g/4 oz/1 skodelica navadnega jogurta

75 ml/5 žlic olja

100 g/4 oz/1/3 skodelice čistega medu

1 jajce, rahlo stepeno

5 ml/1 čajna žlička vaniljeve esence (izvleček)

Za nadev:

2 oz/½ skodelice/50 g sesekljanih orehov

225 g/8 oz/1 skodelica sladkega rjavega sladkorja

10 ml/2 žlički mletega cimeta

30 ml/2 žlici olja

Suhe sestavine za torto zmešamo in na sredini naredimo jamico. Vmešajte ostale sestavine za torto in primešajte suhim sestavinam. Zmešajte sestavine za nadev. Polovico tortne mase vlijemo v pomaščen in pomokan model 9cm/23cm in potresemo s polovico nadeva. Dodamo preostanek zmesi za torto, nato še preostanek nadeva. Pecite v predhodno ogreti pečici na 180 °C/350 °F/termostat 4 30 minut, dokler niso dobro napihnjeni in zlato rjavi ter začnejo odstopati od sten pekača.

Mandljeve in medene ploščice

narediti 10

15 g/½ oz svežega kvasa ali 20 ml/4 žlice suhega kvasa

45 ml/3 žlice sladkorja (super finega).

120 ml/4 fl oz/½ skodelice toplega mleka

300 g/11 oz/2¾ skodelice navadne moke (za vse namene)

Malo soli

1 jajce, rahlo stepeno

2 oz/¼ skodelice/50 g zmehčanega masla ali margarine

½ žličke/1¼ skodelice/300 ml dvojne smetane (gosta)

2 žlici / 30 ml sladkorja v prahu (slaščice), presejanega

45 ml/3 žlice čistega medu

300 g/11 oz/2¾ skodelice narezanih mandljev

Zmešajte kvas, 5 ml / 1 žlico sladkorja in malo mleka ter pustite 20 minut na toplem, da se zmes speni. Preostanek sladkorja zmešamo z moko in soljo ter v sredini naredimo jamico. Postopoma vmešajte jajca, maslo ali margarino, kvasno zmes in preostalo toplo mleko ter mešajte, dokler ne nastane gladko testo. Gnetemo na rahlo pomokani površini, dokler ni gladko in elastično. Damo v z maslom namazano skledo, pokrijemo s plastično folijo (plastično folijo) in pustimo na toplem 45 minut, da podvoji prostornino.

Testo ponovno pregnetemo, nato raztegnemo in položimo v pomaščen model 30 x 20 cm, prebodemo z vilicami, pokrijemo in pustimo 10 minut počivati na toplem.

V majhno ponev dajte 120 ml/½ skodelice smetane, sladkor v prahu in med ter zavrite. Odstavite z ognja in vmešajte mandlje. Razporedite po testu in pecite v predhodno ogreti pečici na 200 °C/400 °F/termostat 6 20 minut, dokler ni zlato rjava in elastična na dotik, pokrijte s pergamentnim papirjem (povoskanim), če vrh začne predolgo rjaveti pred koncem . kuhanje Odprite in pustite, da se ohladi.

Torto vodoravno prerežite na pol. Preostanek smetane stepemo v trd in z njo premažemo spodnjo polovico torte. Pokrijemo s polovico torte, obloženo z mandlji in narezanimi palicami.

Jabolčni in ribezov drobljenec

narediti 12

175 g/6 oz/1½ skodelice navadne moke (univerzalne)

5 ml/1 žlica pecilnega praška

Malo soli

175 g/6 oz/¾ skodelice masla ali margarine

225 g/8 oz/1 skodelica sladkega rjavega sladkorja

100 g/4 oz/1 skodelica ovsenih kosmičev

450 g / 1 lb kuhanih (pita) jabolk, olupljenih, brez sredice in narezanih

30 ml/2 žlici koruzne moke (koruzni škrob)

10 ml/2 žlički mletega cimeta

2,5 ml/½ čajne žličke naribanega muškatnega oreščka

2,5 ml/½ čajne žličke mletega popra

225g/8oz črnega ribeza

Zmešajte moko, pecilni prašek in sol, nato pa vmešajte maslo ali margarino. Zmešajte sladkor in oves. Polovico vlijemo na dno pomaščenega in obrobljenega kvadratnega pekača s premerom 9 cm/25 cm. Zmešamo jabolka, smetano in začimbe ter razporedimo po vrhu. Okrasite s črnim ribezom. Vlijemo preostanek zmesi in pogladimo vrh. Pečemo v predhodno ogreti pečici na 180°C/350°F/termostat 4 30 minut, dokler ne postanejo mehki. Pustite, da se ohladi in nato narežite na rezine.

Marelične in ovsene ploščice

narediti 24

75 g/3 oz/½ skodelice suhih marelic

25 g / 1 oz / 3 žlice rozin (zlate rozine)

250 ml/8 oz/1 skodelica vode

5 ml/1 čajna žlička limoninega soka

150 g/5 oz/2/3 skodelice sladkega rjavega sladkorja

50 g/2 oz/½ skodelice posušenega kokosa (nastrganega)

50 g/2 oz/½ skodelice navadne moke (univerzalne)

2,5 ml/½ žličke sode bikarbone (pecilnega praška)

100 g/4 oz/1 skodelica ovsenih kosmičev

50 g/2 oz/¼ skodelice masla, stopljenega

V majhno ponev dajte marelice, rozine, vodo, limonin sok in 2 žlici/30 ml rjavega sladkorja ter mešajte na majhnem ognju, dokler se ne zgosti. Vmešajte kokos in pustite, da se ohladi. Presejte moko, sodo bikarbono, oves in preostali sladkor, nato pa vmešajte stopljeno maslo. Polovico ovsene mešanice vtisnite na dno namaščenega pekača velikosti 20 cm/8 kvadratnih, nato pa po vrhu porazdelite marelično mešanico. Prelijte s preostalo ovseno mešanico in nežno pritisnite. Pečemo v predhodno ogreti pečici na 180°C/350°F/termostat 4 30 minut do zlate barve. Pustite, da se ohladi in nato narežite na rezine.

Pražen krompir z marelicami

narediti 16

2/3 skodelice/100 g suhih marelic, pripravljenih za uživanje

120 ml/4 oz/½ skodelice pomarančnega soka

100 g/4 oz/½ skodelice masla ali margarine

75 g/3 oz/¾ skodelice polnozrnate pšenične moke (pšenice).

75 g/3 oz/¾ skodelice valjanega ovsa

75 g/3 oz/1/3 skodelice demerara sladkorja

Marelice vsaj 30 minut namočimo v pomarančnem soku, da se zmehčajo, odcedimo in nasekljamo. Maslo ali margarino vtrite v moko, dokler zmes ne spominja na krušne drobtine. Zmešajte oves in sladkor. Polovico zmesi vtisnite v pomaščen model 30 x 20 cm/12 x 8 in potresite po marelicah. Preostanek zmesi razporedite po vrhu in nežno pritisnite. Pečemo v predhodno ogreti pečici na 180°C/350°F/termostat 4 25 minut do zlato rjave barve. Pustimo, da se ohladi v pladnju, preden ga vzamemo iz modela in narežemo na palice.

Bananine ploščice z oreščki

Star bo okoli 14 let

2 oz/¼ skodelice/50 g zmehčanega masla ali margarine

75 g/3 oz/1/3 skodelice sladkorja v prahu (super finega) ali mehkega rjavega sladkorja

2 veliki banani, narezani

175 g/6 oz/1½ skodelice navadne moke (univerzalne)

7,5 ml / 1½ žličke pecilnega praška

2 jajci, pretepeni

2 oz/½ skodelice/50 g orehov, grobo sesekljanih

Zmešajte maslo ali margarino in sladkor. Pretlačite banane in zmes premešajte. Zmešamo moko in pecilni prašek. Bananini mešanici dodajte moko, jajca in orehe ter dobro premešajte. Vlijemo v pomaščen in obložen pekač 18x28cm/7x11, zgladimo površino in pečemo v predhodno ogreti pečici na 160°C/325°F/termostat 3 30-35 minut, dokler ne naraste. Pustite, da se nekaj minut ohladi v pekaču, nato pa obrnite na rešetko, da se ohladi. Narežite na približno 14 palic.

ameriški browniji

Ura je okoli 15

2 veliki jajci

225 g/8 oz/1 skodelica sladkorja v prahu (super fin).

2 oz/¼ skodelice/50 g masla ali margarine, stopljene

2,5 ml/½ čajne žličke vanilijeve esence (izvleček)

75 g/3 oz/¾ skodelice navadne moke (univerzalne)

45 ml/3 žlice kakava v prahu (nesladkana čokolada).

2,5 ml/½ žličke pecilnega praška

Malo soli

2 oz/½ skodelice/50 g orehov, grobo sesekljanih

Jajca in sladkor stepamo v gosto in kremasto zmes. Dodamo maslo in vanilijevo esenco. Moko, kakav, pecilni prašek in sol presejemo in zmešamo z mešanico oreščkov. Vlijemo v dobro pomaščen kvadratni pekač premera 20 cm. Pečemo v predhodno ogreti pečici na 180°C/350°F/termostat 4 40 do 45 minut, dokler ne naraste. Pustimo v ponvi 10 minut, nato narežemo na kvadratke in še tople prestavimo na žar.

Browniji s čokoladno sladico

Star bo okoli 16 let

225 g/8 oz/1 skodelica masla ali margarine

175 g/6 oz/¾ skodelice granuliranega sladkorja

350 g/12 oz/3 skodelice samovzhajajoče moke

30 ml/2 žlici kakava v prahu (nesladkana čokolada).

Za glazuro:

175 g/6 oz/1 skodelica granuliranega (slaščičarskega) sladkorja, presejanega

30 ml/2 žlici kakava v prahu (nesladkana čokolada).

kuhana voda

Stopite maslo ali margarino in dodajte sladkor v prahu. Zmešajte moko in kakav. Pritisnite v obložen pekač 7 x 11 palcev/18 x 28 cm. Pecite v predhodno ogreti pečici na 180°C/350°F/termostat 4 približno 20 minut, dokler niso mehki na otip.

Če želite narediti glazuro, v skledo presejte sladkor v prahu in kakav ter dodajte kapljico vrele vode. Mešajte, dokler se dobro ne združi, po potrebi dodajte kapljico ali več vode. Zamrznite brownije, dokler so topli (vendar ne vroči), nato pa pustite, da se ohladijo, preden jih razrežete na kvadratke.

Browniji z orehi in čokolado

narediti 12

50 g/2 oz/½ skodelice navadne čokolade (polsladke)

75 g/3 oz/1/3 skodelice masla ali margarine

225 g/8 oz/1 skodelica sladkorja v prahu (super fin).

75 g/3 oz/¾ skodelice navadne moke (univerzalne)

75 g/3 oz/¾ skodelice sesekljanih orehov

50 g/2 oz/½ skodelice čokoladnih koščkov

2 jajci, pretepeni

2,5 ml/½ čajne žličke vaniljeve esence (izvleček)

Čokolado in maslo ali margarino raztopite v toplotno odporni posodi nad ponvi z rahlo vrelo vodo. Odstranite z ognja in vmešajte preostale sestavine. Vlijemo v pomaščen in obložen pekač 8/20 cm in pečemo v predhodno ogreti pečici pri 180°C/350°F/termostat 4 30 minut, dokler zobotrebec, zapičen v sredino, ne izstopi čist. Pustite, da se ohladi v pladnju in narežite na kvadrate.

Palice masla

narediti 16

100 g/4 oz/½ skodelice masla ali margarine, zmehčane

100 g/4 oz/½ skodelice sladkorja (izjemno finega).

1 jajce, ločeno

100 g/4 oz/1 skodelica navadne moke (za vse namene)

25 g/1 oz/¼ skodelice sesekljanih mešanih oreščkov

Zmešajte maslo ali margarino in sladkor, da postanejo rahli in puhasti. Vmešajte rumenjaka, nato pa vmešajte še moko in orehe, dokler zmes ni čisto čvrsta. Če je zelo močno, dodajte malo mleka; če je mleto, vmešamo še malo moke. Maso vlijemo v pomaščen pekač 30 x 20 cm/12 x 8. Stepemo beljake in jih premažemo po zmesi. Pečemo v predhodno ogreti pečici na 180°C/350°F/termostat 4 30 minut do zlate barve. Pustite, da se ohladi in nato narežite na rezine.

Pekač s češnjevo karamelo

narediti 12

100 g/4 oz/1 skodelica mandljev

8 oz / 1 skodelica glaziranih (kandiranih) češenj, prepolovljenih

8 oz / 1 skodelica masla ali margarine, zmehčane

225 g/8 oz/1 skodelica sladkorja v prahu (super fin).

3 jajca, pretepena

100 g/4 oz/1 skodelica samovzhajajoče moke

50 g/2 oz/½ skodelice mletih mandljev

5 ml/1 žlica pecilnega praška

5 ml/1 čajna žlička mandljeve esence (izvleček)

Mandlje in češnje razporedite po dnu pomaščenega in obloženega 20 cm pekača za torte. Stopite ¼ skodelice/2 oz/50 g masla ali margarine z ¼ skodelice/2 oz/50 g sladkorja, nato prelijte čez češnje in orehe. Preostalo maslo ali margarino in sladkor penasto stepemo, nato vmešamo jajca in primešamo moko, mlete mandlje, pecilni prašek in mandljevo esenco. Zmes vlijemo v model in poravnamo do vrha. Pečemo v predhodno ogreti pečici na 160°C/325°F/termostat 3 1 uro. Pustite, da se nekaj minut ohladi v pekaču, nato previdno obrnite na rešetko in po potrebi postrgajte nekaj nadeva iz pergamentnega papirja. Pred rezanjem pustite, da se popolnoma ohladi.

Pekač s koščki čokolade

narediti 24

100 g/4 oz/½ skodelice masla ali margarine, zmehčane

100 g/4oz/½ skodelice sladkega rjavega sladkorja

50 g/2 oz/¼ skodelice sladkorja (super fine).

1 jajce

5 ml/1 čajna žlička vanilijeve esence (izvleček)

100 g/4 oz/1 skodelica navadne moke (za vse namene)

2,5 ml/½ žličke sode bikarbone (pecilnega praška)

Malo soli

100 g/4 oz/1 skodelica čokoladnih koščkov

Maslo ali margarino in sladkor stepemo do rahle in puhaste mase, nato pa postopoma dodajamo jajce in vanilijevo esenco. Zmešajte moko, sodo bikarbono in sol. Dodajte čokoladne koščke. Vlijemo v pomokan kvadratni pekač premera 25 cm/12 palcev in pečemo v predhodno ogreti pečici na 190 °C/375 °F/termostat 2 15 minut, dokler ne zlato porumeni. Pustite, da se ohladi in nato narežite na kvadratke.

Cinnamon Crumble Layer

narediti 12

Za osnovo:

100 g/4 oz/½ skodelice masla ali margarine, zmehčane

30 ml/2 žlici čistega medu

2 jajci, rahlo stepeni

100 g/4 oz/1 skodelica navadne moke (za vse namene)

Za drobljenec:

75 g/3 oz/1/3 skodelice masla ali margarine

75 g/3 oz/¾ skodelice navadne moke (univerzalne)

75 g/3 oz/¾ skodelice valjanega ovsa

5 ml/1 čajna žlička mletega cimeta

50 g/2 oz/¼ skodelice demerara sladkorja

Zmešajte maslo ali margarino in med, da postanejo rahli in puhasti. Postopoma dodajte jajca in nato dodajte moko. Polovico zmesi vlijemo v pomaščen 20 cm kvadraten model in zgladimo površino.

Če želite narediti drobtine, v moko vtrite maslo ali margarino, dokler zmes ne postane podobna drobtinam. Zmešajte oves, cimet in sladkor. V pekač dajte polovico krušnih drobtin, nato na vrh preostale tortne zmesi in nato še preostale drobtine. Pecite v predhodno ogreti pečici na 190 °C/375 °F/termostat 5 približno 35 minut, dokler zobotrebec, ki ga zapičite v sredino, ne izstopi čist. Pustite, da se ohladi in nato narežite na rezine.

Slastne cimetove palčke

narediti 16

225 g/8 oz/2 skodelici navadne moke (univerzalne)

10 ml / 2 žlici pecilnega praška

225 g/8 oz/1 skodelica sladkega rjavega sladkorja

15 ml / 1 žlica stopljenega masla

250 ml/8 oz/1 skodelica mleka

30 ml/2 žlici demerara sladkorja

10 ml/2 žlički mletega cimeta

25 g/1oz/2 žlici masla, ohlajenega in narezanega na kocke

Zmešamo moko, pecilni prašek in sladkor. Dodamo stopljeno maslo in mleko ter dobro premešamo. Zmes vtisnemo v 2 kvadratna oblika s premerom 23 cm. Po vrhu potresemo z demerara sladkorjem in cimetom, nato pa na vrh pritisnemo koščke masla. Pečemo v predhodno ogreti pečici na 180°C/350°F/termostat 4 30 minut. Maslo bo naredilo luknje v mešanici in med kuhanjem postalo lepljivo.

Kokosove ploščice

narediti 16

75 g/3 oz/1/3 skodelice masla ali margarine

100 g/4 oz/1 skodelica navadne moke (za vse namene)

30 ml/2 žlici sladkorja (super finega).

2 jajci

100 g/4oz/½ skodelice sladkega rjavega sladkorja

Malo soli

175 g/6 oz/1½ skodelice posušenega kokosa (nastrganega)

50 g/2 oz/½ skodelice sesekljanih mešanih oreščkov

oranžna glazura

Maslo ali margarino vtrite v moko, dokler zmes ne spominja na krušne drobtine. Vmešajte sladkor in stresite v nenamaščen kvadratni pekač velikosti 9/23 cm. Pečemo v predhodno ogreti pečici na 190°C/350°F/termostat 4 15 minut, dokler se strdi.

Zmešajte jajca, rjavi sladkor in sol, nato vmešajte kokos in orehe ter razporedite po dnu. Pečemo 20 minut, dokler ne zlato porumenijo in strdijo. Sladoled s pomarančno glazuro, ko se ohladi. Narežemo na palice.

Sendviči s kokosovo marmelado

narediti 16

25 g/1 oz/2 žlici masla ali margarine

175 g/6 oz/1½ skodelice samovzhajajoče moke

225 g/8 oz/1 skodelica sladkorja v prahu (super fin).

2 rumenjaka

75 ml/5 žlic vode

175 g/6 oz/1½ skodelice posušenega kokosa (nastrganega)

4 beljaki

50 g/2 oz/½ skodelice navadne moke (univerzalne)

100 g/4 oz/1/3 skodelice jagodne marmelade (v pločevinki)

Maslo ali margarino vtrite v samonaraščajočo moko, nato vmešajte 50 g/¼ skodelice sladkorja. Zmešajte rumenjake in 3 žlice/45 ml vode ter vmešajte v mešanico. Pritisnite na dno namaščenega pekača 30 x 20 cm/12 x 8 in prebodite z vilicami. Pečemo v predhodno ogreti pečici na 180°C/350°F/termostat 4 12 minut. Pustimo, da se ohladi.

V ponev damo kokos, preostanek sladkorja in vode ter beljak in na majhnem ognju mešamo toliko časa, da zmes postane grudasta in brez barve. Pustimo, da se ohladi. Vmešajte navadno moko. Iz preostalih beljakov stepemo trd sneg, ki ga vmešamo v zmes. Dno namažemo z marmelado in nato namažemo kokosov nadev. Pečemo 30 minut do zlato rjave barve. Pustite, da se ohladi v pladnju, preden ga razrežete na palice.

Curtal in peka z jabolki

narediti 12

1 kuhano (trpko) jabolko, olupljeno, izrezano in narezano

8 oz / 1 1/3 skodelice datljev (semena), sesekljanih

150 ml/¼ pt/2/3 skodelice vode

350 g/12 oz/3 skodelice ovsa

6 oz/¾ skodelice/175 g masla ali margarine, stopljene

45 ml/3 žlice demerara sladkorja

5 ml/1 čajna žlička mletega cimeta

Jabolka, datlje in vodo damo v ponev in kuhamo na majhnem ognju približno 5 minut, dokler se jabolka ne zmehčajo. Pustimo, da se ohladi. Zmešajte oves, maslo ali margarino, sladkor in cimet. Polovico vlijemo v pomaščen 20 cm kvadraten model in zgladimo površino. Prelijte z mešanico jabolk in datljev, nato preostanek ovsene mešanice in zgladite površino. Nežno pritisnite. Pečemo v predhodno ogreti pečici na 190°C/375°F/termostat 5 približno 30 minut do zlate barve. Pustite, da se ohladi in nato narežite na rezine.

Datljeve rezine

narediti 12

8 oz / 11/3 skodelice datljev (semena), sesekljanih

30 ml/2 žlici čistega medu

30 ml/2 žlici limoninega soka

225 g/8 oz/1 skodelica masla ali margarine

225 g/8 oz/2 skodelici polnozrnate pšenične moke (polnozrnate pšenice).

225 g/8 oz/2 skodelici ovsa

75 g/3 oz/1/3 skodelice sladkega rjavega sladkorja

Datlje, med in limonin sok kuhajte na majhnem ognju nekaj minut, dokler se datlji ne zmehčajo. Maslo ali margarino vtrite v moko in ovsene kosmiče, dokler mešanica ne bo podobna drobtinam, nato pa vmešajte sladkor. Polovico zmesi vlijemo v pomaščen in obložen kvadratni pekač premera 20 cm/8 cm. Na vrh vlijemo datljevo zmes, nato pa prelijemo s preostankom tortne zmesi. Trdno pritisnite. Pecite v predhodno ogreti pečici na 190°C/375°F/termostat 5 35 minut, dokler niso mehki na otip. Pustimo, da se ohladi v pekaču, še vroče narežemo.

Citati babice

narediti 16

100 g/4 oz/½ skodelice masla ali margarine, zmehčane

225 g/8 oz/1 skodelica sladkega rjavega sladkorja

2 jajci, rahlo stepeni

175 g/6 oz/1½ skodelice navadne moke (univerzalne)

2,5 ml/½ žličke sode bikarbone (pecilnega praška)

5 ml/1 čajna žlička mletega cimeta

Ščepec mletih nageljnovih žbic

Ščepec naribanega muškatnega oreščka

175 g/6 oz/1 skodelica izkoščičenih datljev, nasekljanih

Zmešajte maslo ali margarino in sladkor, da postanejo rahli in puhasti. Postopoma dodajte jajca in po vsakem dodajanju dobro stepite. Preostale sestavine mešajte, dokler niso dobro združene. Vlijemo v pomaščen in pomokan kvadratni pekač s premerom 23 cm in pečemo v predhodno ogreti pečici pri 180°C/350°F/termostat 4 25 minut, dokler zobotrebec, ki ga zapičimo v sredino, ne izstopi čist. Pustite, da se ohladi in nato narežite na rezine.

Ploščice z datlji in ovsom

narediti 16

175 g/6 oz/1 skodelica izkoščičenih datljev, nasekljanih

15 ml / 1 žlica prozornega medu

30 ml/2 žlici vode

225 g/8 oz/2 skodelici polnozrnate pšenične moke (polnozrnate pšenice).

100 g/4 oz/1 skodelica ovsenih kosmičev

100 g/4oz/½ skodelice sladkega rjavega sladkorja

2/3 skodelice/5 oz/150 g masla ali margarine, stopljene

Datlje, med in vodo kuhajte v majhni kozici, dokler se datlji ne zmehčajo. Zmešajte moko, oves in sladkor, nato pa vmešajte stopljeno maslo ali margarino. Polovico zmesi vtisnite v pomaščen kvadratni pekač 7"/18 cm, potresite z datljevo mešanico, nato pokrijte s preostalo ovseno mešanico in rahlo potlačite. Pečete v predhodno ogreti pečici na 180°C/350°F/termostat 4 za 1 uro, dokler ni čvrsta in zlata. Pustite, da se ohladi v ponvi, narežite na palice, ko je še vroča.

Datlji in oreščki

narediti 12

100 g/4 oz/½ skodelice masla ali margarine, zmehčane

150 g/5 oz/2/3 skodelice sladkorja (izjemno finega).

1 jajce, rahlo stepeno

100 g/4 oz/1 skodelica samovzhajajoče moke

8 oz / 11/3 skodelice datljev (semena), sesekljanih

100 g/4 oz/1 skodelica sesekljanih orehov

15 ml/1 žlica mleka (neobvezno)

100 g/4 oz/1 skodelica navadne čokolade (polsladke)

Zmešajte maslo ali margarino in sladkor, da postanejo rahli in puhasti. Zmešajte jajce, nato moko, datlje in orehe, če je zmes pregoda, dodajte malo mleka. Vlijemo v pomaščen pekač 30 x 20 cm/12 x 8 in pečemo v predhodno ogreti pečici na 180°C/350°F/termostat 4 30 minut, dokler ne naraste. Pustimo, da se ohladi.

Čokolado stopite v toplotno odporni posodi nad ponvo z rahlo vrelo vodo. Zmes razvaljamo in pustimo, da se ohladi in strdi. Z ostrim nožem narežemo na palice.

Figove ploščice

narediti 16

225 g sesekljanih svežih fig

30 ml/2 žlici čistega medu

15 ml/1 žlica limoninega soka

225 g/8 oz/2 skodelici polnozrnate pšenične moke (polnozrnate pšenice).

225 g/8 oz/2 skodelici ovsa

225 g/8 oz/1 skodelica masla ali margarine

75 g/3 oz/1/3 skodelice sladkega rjavega sladkorja

Fige, med in limonin sok kuhajte na majhnem ognju 5 minut. Naj se malo ohladi. Zmešajte moko in ovsene kosmiče, nato pa primešajte maslo ali margarino in vmešajte sladkor. Polovico zmesi vtisnite v pomaščen 20 cm kvadraten model, nato pa po vrhu prelijte mešanico fig. Prelijte s preostalo mešanico za torto in trdno pritisnite. Pečemo v predhodno ogreti pečici na 180°C/350°F/termostat 4 30 minut do zlate barve. Pustimo, da se ohladi v pekaču in še tople narežemo.

Flapjacks

narediti 16

75 g/3 oz/1/3 skodelice masla ali margarine

50 g/2 oz/3 žlice zlatega sirupa (svetla koruza)

100 g/4oz/½ skodelice sladkega rjavega sladkorja

175 g/6 oz/1½ skodelice ovsa

Maslo ali margarino raztopimo s sirupom in sladkorjem, nato dodamo kosmiče. Vtisnite v pomaščen kvadratni pekač 8/20 cm in pecite v predhodno ogreti pečici na 180°C/350°F/termostat 4 približno 20 minut, dokler ne postanejo svetlo zlate barve. Pustite, da se nekoliko ohladi, preden ga razrežete na palice, nato pa popolnoma ohladite v pekaču, preden ga odvijete.

Češnjeve slaščice

narediti 16

75 g/3 oz/1/3 skodelice masla ali margarine

50 g/2 oz/3 žlice zlatega sirupa (svetla koruza)

100 g/4oz/½ skodelice sladkega rjavega sladkorja

175 g/6 oz/1½ skodelice ovsa

100 g/4 oz/1 skodelica glaziranih (kandiranih) češenj, sesekljanih

Maslo ali margarino stopite s sirupom in sladkorjem, nato pa vmešajte oves in češnje. Pritisnite v kvadratni pekač (pladenj) s premerom 8"/20 cm in pecite v predhodno ogreti pečici na 350°F/180°C/termostat 4 približno 20 minut, dokler ne postanejo rahlo zlate barve. Pustite, da se nekoliko ohladijo, preden jih razrežete na palice, nato pa pustite, da popolnoma ohladite v pekaču, preden ga odvijete.

Čokoladne palačinke

narediti 16

75 g/3 oz/1/3 skodelice masla ali margarine

50 g/2 oz/3 žlice zlatega sirupa (svetla koruza)

100 g/4oz/½ skodelice sladkega rjavega sladkorja

175 g/6 oz/1½ skodelice ovsa

100 g/4 oz/1 skodelica čokoladnih koščkov

Stopite maslo ali margarino s sirupom in sladkorjem, nato pa vmešajte oves in čokoladne koščke. Pritisnite v pomaščen kvadratni pekač velikosti 8"/20 cm in pecite v predhodno ogreti pečici na 350°F/180°C/termostat 4 približno 20 minut, dokler ne postanejo rahlo zlate barve. Pustite, da se nekoliko ohladijo, preden jih narežete na palice, nato pa pustite, da se ohladijo popolnoma v ponvi, preden jo odvijete.

Sadne pite

narediti 16

75 g/3 oz/1/3 skodelice masla ali margarine

100 g/4oz/½ skodelice sladkega rjavega sladkorja

50 g/2 oz/3 žlice zlatega sirupa (svetla koruza)

175 g/6 oz/1½ skodelice ovsa

75 g/3 oz/½ skodelice rozin, rozin ali drugih oreščkov

Maslo ali margarino stopite s sladkorjem in sirupom, nato pa vmešajte oves in rozine. Pritisnite v kvadratni pekač (pladenj) s premerom 8"/20 cm in pecite v predhodno ogreti pečici na 350°F/180°C/termostat 4 približno 20 minut, dokler ne postanejo rahlo zlate barve. Pustite, da se nekoliko ohladijo, preden jih razrežete na palice, nato pa pustite, da popolnoma ohladite v pekaču, preden ga odvijete.

Flampjacks s sadjem in oreščki

narediti 16

75 g/3 oz/1/3 skodelice masla ali margarine

100 g/4 oz/1/3 skodelice čistega medu

50 g/2 oz/1/3 skodelice rozin

50 g/2 oz/½ skodelice orehov, sesekljanih

175 g/6 oz/1½ skodelice ovsa

Maslo ali margarino z medom raztopimo na majhnem ognju. Zmešajte rozine, orehe in oves ter dobro premešajte. Vlijemo v pomaščen kvadratni pekač premera 23 cm in pečemo v predhodno ogreti pečici na 180°C/350°F/termostat 4 25 minut. Pustimo, da se ohladi v pekaču, še vroče narežemo na kocke.

Ginger Flapjacks

narediti 16

75 g/3 oz/1/3 skodelice masla ali margarine

100 g/4oz/½ skodelice sladkega rjavega sladkorja

50 g/2 oz/3 žlice sirupa iz kozarca ingverja

175 g/6 oz/1½ skodelice ovsa

4 koščke ingverja, drobno nasekljanega

Stopite maslo ali margarino s sladkorjem in sirupom, nato vmešajte oves in ingver. Pritisnite v pomaščen kvadratni pekač velikosti 8"/20 cm in pecite v predhodno ogreti pečici na 350°F/180°C/termostat 4 približno 20 minut, dokler ne postanejo rahlo zlate barve. Pustite, da se nekoliko ohladijo, preden jih narežete na palice, nato pustite, da se ohladijo popolnoma v ponvi, preden jo odvijete.

Orehovi flapjaki

narediti 16

75 g/3 oz/1/3 skodelice masla ali margarine

50 g/2 oz/3 žlice zlatega sirupa (svetla koruza)

100 g/4oz/½ skodelice sladkega rjavega sladkorja

175 g/6 oz/1½ skodelice ovsa

100 g/4 oz/1 skodelica sesekljanih mešanih oreščkov

Maslo ali margarino stopite s sirupom in sladkorjem, nato pa vmešajte kosmiče in oreščke. Pritisnite v pomaščen kvadratni pekač velikosti 8"/20 cm in pecite v predhodno ogreti pečici na 350°F/180°C/termostat 4 približno 20 minut, dokler ne postanejo rahlo zlate barve. Pustite, da se nekoliko ohladijo, preden jih narežete na palice, nato pa pustite, da se ohladijo popolnoma v ponvi, preden jo odvijete.

Hrustljavi piškoti z limoninim maslom

narediti 16

100 g/4 oz/1 skodelica navadne moke (za vse namene)

100 g/4 oz/½ skodelice masla ali margarine, zmehčane

75 g/3 oz/½ skodelice (slaščičarskega) sladkorja v prahu, presejanega

2,5 ml/½ žličke pecilnega praška

Malo soli

30 ml/2 žlici limoninega soka

10 ml/2 žlički naribane limonine lupinice

Zmešamo moko, maslo ali margarino, sladkor v prahu in pecilni prašek. Pritisnite v pomaščen kvadratni pekač velikosti 9"/23 cm in pecite v predhodno ogreti pečici pri 350°F/180°C/termostat 4 20 minut.

Združite preostale sestavine in stepajte, dokler ne postane svetlo in puhasto. Vlijemo vročo osnovo, zmanjšamo temperaturo pečice na 160°C/325°F/termostat 3 in vrnemo v pečico za nadaljnjih 25 minut, dokler ni mehka na otip. Pustite, da se ohladi in nato narežite na kvadratke.

Plošče iz semiša in kokosa

narediti 20

1 jajce

100 g/4 oz/½ skodelice sladkorja (izjemno finega).

100 g/4 oz/1 skodelica navadne moke (za vse namene)

10 ml / 2 žlici pecilnega praška

Malo soli

75 ml/5 žlic mleka

75 g/3 oz/1/3 skodelice masla ali margarine, stopljene

15 ml/1 žlica kakava v prahu (nesladkana čokolada).

2,5 ml/½ čajne žličke vaniljeve esence (izvleček)

Za okras:
75 g/3 oz/½ skodelice (slaščičarskega) sladkorja v prahu, presejanega

2 oz/¼ skodelice/50 g masla ali margarine, stopljene

45 ml/3 žlice močne črne kave

15 ml/1 žlica kakava v prahu (nesladkana čokolada).

2,5 ml/½ čajne žličke vaniljeve esence (izvleček)

25 g/1 oz/¼ skodelice posušenega kokosa (nastrganega)

Jajca in sladkor zmiksaj, da postanejo svetla in puhasta. Izmenično dodajamo moko, pecilni prašek in sol z mlekom in stopljenim maslom ali margarino. Dodamo kakav in vanilijevo esenco. Mešanico vlijemo v pomaščen kvadratni pekač s premerom 8"/20 cm in pečemo v predhodno ogreti pečici pri 200°C/400°F/termostat 6 15 minut, dokler se dobro ne napihne in postane elastična na otip.

Za pripravo nadeva zmešajte sladkor v prahu, maslo ali margarino, kavo, kakav in vanilijevo esenco. Premažemo po vročem kolaču in potresemo s kokosom. Pustimo, da se ohladi v pladnju, nato ga odvijemo in narežemo na kvadrate.

Zdravo Dolly Cookies

narediti 16

100 g/4 oz/½ skodelice masla ali margarine

100 g/4 oz/1 skodelica Digestive piškotov

(Graham cracker krekerji

100 g/4 oz/1 skodelica čokoladnih koščkov

100 g/4 oz/1 skodelica posušenega kokosa (nastrganega)

100 g/4 oz/1 skodelica sesekljanih orehov

400g/14oz/1 velika pločevinka kondenziranega mleka

Maslo ali margarino raztopimo in zmešamo s piškotnimi drobtinami. Maso vtisnite na dno pomaščenega in s folijo obloženega pekača 28 x 18 cm/11 x 7. Potresite čokoladne kosmiče, nato kokos in na koncu še orehe. Prilijemo kondenzirano mleko in pečemo v predhodno ogreti pečici na 180°C/350°F/termostat 4 25 minut. Še vroče narežemo in pustimo, da se popolnoma ohladijo.

Kokosove čokoladne ploščice

narediti 12

75 g/3 oz/¾ skodelice mlečne čokolade

75 g/3 oz/¾ skodelice navadne čokolade (polsladke)

75 g/3 oz/1/3 skodelice hrustljavega arašidovega masla

3 oz/¾ skodelice/75 g drobtin digestivnega krekerja (graham krekerji)

3 oz/¾ skodelice zdrobljenih orehov

75 g/3 oz/¾ skodelice posušenega kokosa (nastrganega)

75 g/3 oz/¾ skodelice bele čokolade

Mlečno čokolado stopite v toplotno odporni posodi nad ponvo z rahlo vrelo vodo. Dno kvadratnega modela s premerom 23 cm namastimo in pustimo, da se strdi.

Na majhnem ognju nežno stopite temno čokolado in arašidovo maslo, nato pa vmešajte drobtine, oreščke in kokos. Premažemo po temperirani čokoladi in pustimo v hladilniku, da se strdi.

Belo čokolado raztopite v toplotno odporni posodi nad ponvo z rahlo vrelo vodo. Piškote razporedite po vzorcu in pustite, da se strdijo, preden jih razrežete na ploščice.

Škatle z arašidi

narediti 12

75 g/3 oz/¾ skodelice navadne čokolade (polsladke)

2 oz/¼ skodelice/50 g masla ali margarine

100 g/4 oz/½ skodelice sladkorja (izjemno finega).

2 jajci

5 ml/1 čajna žlička vaniljeve esence (izvleček)

75 g/3 oz/¾ skodelice navadne moke (univerzalne)

2,5 ml/½ žličke pecilnega praška

100 g/4 oz/1 skodelica sesekljanih mešanih oreščkov

Čokolado stopite v toplotno odporni posodi nad ponvo z rahlo vrelo vodo. Mešajte maslo, dokler se ne stopi, nato pa vmešajte sladkor. Odstavite z ognja in zmešajte jajca in vanilijev ekstrakt. Zmešamo moko, pecilni prašek in orehe. Mešanico vlijemo v pekač s premerom 25 cm/10 kvadratnih in pečemo v predhodno ogreti pečici na 180°C/350°F/termostat 4 15 minut do zlate barve. Še toplo narežemo na kvadratke.

Pomarančne rezine oreha

narediti 16

375 g/13 oz/3¼ skodelice navadne moke (univerzalne)

275 g/10 oz/1¼ skodelice sladkorja v prahu (super fin).

5 ml/1 žlica pecilnega praška

75 g/3 oz/1/3 skodelice masla ali margarine

2 jajci, pretepeni

175 ml/6 fl oz/¾ skodelice mleka

1 majhna pločevinka/7 oz/200 g mandarin, odcejenih in grobo narezanih

100 g/4 oz/1 skodelica sesekljanih orehov orehov

Fina lupina 2 pomaranč

10 ml/2 žlički mletega cimeta

Zmešajte 3 skodelice/12 oz/325 g moke, 1 skodelico/8 oz/225 g sladkorja in pecilni prašek. Stopite ¼ skodelice/2 oz/50 g masla ali margarine in vmešajte jajca in mleko. Nežno vmešajte tekočino v suhe sestavine, dokler ni gladka. Vmešajte mandarine, pekan orehe in pomarančno lupinico. Vlijemo v pomaščen in obložen pekač 30 x 20 cm. Preostanek moke, sladkorja, masla in cimeta zdrobimo in potresemo po torti. Pečemo v predhodno ogreti pečici na 180°C/350°F/termostat 4 40 minut do zlate barve. Pustimo, da se ohladi v pladnju in narežemo na približno 16 rezin.

parkirati

Naredi 16 kvadratov

100 g/4 oz/½ skodelice svinjskega fileja (kratkega)

100 g/4 oz/½ skodelice masla ali margarine

75 g/3 oz/1/3 skodelice sladkega rjavega sladkorja

100 g/4 oz/1/3 skodelice zlatega sirupa (svetla koruza)

100 g/4 oz/1/3 skodelice temnega sirupa (melasa)

10 ml/2 žlički sode bikarbone (pecilnega praška)

150 ml/¼ pt/2/3 skodelice mleka

225 g/8 oz/2 skodelici polnozrnate pšenične moke (polnozrnate pšenice).

225 g/8 oz/2 skodelici ovsa

10 ml/2 žlički mletega ingverja

2,5 ml/½ čajne žličke soli

V kozici raztopimo maslo, maslo ali margarino, sladkor, sirup in sirup. V mleku raztopite sodo bikarbono in jo v loncu zmešajte z ostalimi sestavinami. Vlijemo v pomaščen in obložen kvadratni pekač velikosti 20 cm/8" in pečemo v pečici, predhodno ogreti na 325°F/160°C/termostat 3, 1 uro, dokler ne strdi. Lahko pade na sredino. Pustite, da se ohladi, in nato shranite za uro.nekaj dni v nepredušni posodi, preden jo narežete in postrežete.

ploščice arašidovega masla

narediti 16

100 g/4 oz/1 skodelica masla ali margarine

175 g/6 oz/1¼ skodelice navadne moke (univerzalne)

175 g/6 oz/¾ skodelice sladkega rjavega sladkorja

75 g/3 oz/1/3 skodelice arašidovega masla

Malo soli

1 majhen rumenjak, stepen

2,5 ml/½ čajne žličke vaniljeve esence (izvleček)

100 g/4 oz/1 skodelica navadne čokolade (polsladke)

2 oz/50 g napihnjenih riževih kosmičev

Maslo ali margarino vtrite v moko, dokler zmes ne spominja na krušne drobtine. Vmešajte sladkor, 2 žlici/30 ml arašidovega masla in sol. Dodajte jajčni rumenjak in vanilijevo esenco ter mešajte, dokler se dobro ne povežeta. Pritisnite v kvadratni pekač s premerom 25 cm/10 palcev. Pecite v predhodno ogreti pečici na 160 °C/325 °F/termostat 3 30 minut, dokler ne napihnejo in postanejo elastični na otip.

Čokolado stopite v toplotno odporni posodi nad ponvo z rahlo vrelo vodo. Odstranite z ognja in vmešajte preostalo arašidovo maslo. Vmešajte kosmiče in dobro premešajte, dokler se ne združijo s čokoladno mešanico. Prelijemo torto in zgladimo površino. Pustite, da se ohladi, nato ohladite in narežite na palice.

Piknik krožniki

narediti 12

225 g/8 oz/2 skodelici navadne (polsladke) čokolade.

2 oz/¼ skodelice/50 g zmehčanega masla ali margarine

100 g/4 oz/½ skodelice granuliranega sladkorja

1 jajce, rahlo stepeno

100 g/4 oz/1 skodelica posušenega kokosa (nastrganega)

50 g/2 oz/1/3 skodelice rozin (zlate rozine)

2 oz/50 g/¼ skodelice glaziranih (kandiranih) češenj, sesekljanih

Čokolado stopite v toplotno odporni posodi nad ponvo z rahlo vrelo vodo. Vlijemo na dno pomaščenega in obrobljenega pekača za švicarske zvitke 30 x 20 cm / 12 x 8. Zmešajte maslo ali margarino in sladkor, da postanejo rahli in puhasti. Po malem dodajte jajce in nato vmešajte kokos, rozine in češnje. Razporedite po čokoladi in pecite v pečici, ogreti na 150°C/300°F/termostat 3, 30 minut do zlate barve. Pustite, da se ohladi in nato narežite na rezine.

Postrežena sta bila ananas in kokos

narediti 20

1 jajce

100 g/4 oz/½ skodelice sladkorja (izjemno finega).

75 g/3 oz/¾ skodelice navadne moke (univerzalne)

5 ml/1 žlica pecilnega praška

Malo soli

75 ml/5 žlic vode

Za okras:
200 g/7 oz/1 majhna konzerva ananasa, odcejenega in narezanega

25 g/1 oz/2 žlici masla ali margarine

50 g/2 oz/¼ skodelice sladkorja (super fine).

1 rumenjak

25 g/1 oz/¼ skodelice posušenega kokosa (nastrganega)

5 ml/1 čajna žlička vaniljeve esence (izvleček)

Stepajte jajca in sladkor, dokler ne postanejo svetli. Izmenično z vodo dodajamo moko, pecilni prašek in sol. Vlijemo v pomokan kvadratni pekač premera 18 cm in pečemo v predhodno ogreti pečici pri 400°F/200°C/termostat 6 20 minut, dokler se dobro ne napihne in postane elastičen na otip. Na vročo torto položite ananas. Preostale sestavine za nadev segrevajte v majhni ponvi na nizkem ognju in med nenehnim mešanjem dobro premešajte, vendar ne pustite, da zmes zavre. Prelijemo po ananasu in torto postavimo v pečico še za 5 minut, da se preliv zlato rjavo obarva. Pustite, da se ohladi v pekaču 10 minut,

Kolač s slivovim kvasom

narediti 16

15 g/½ oz svežega kvasa ali 20 ml/4 žlice suhega kvasa

50 g/2 oz/¼ skodelice sladkorja (super fine).

¼ kos/150 ml/2/3 skodelice vročega mleka

2 oz/¼ skodelice/50 g masla ali margarine, stopljene

1 jajce

1 rumenjak

2¼ skodelice/9 oz/250 g navadne moke (za vse namene)

5 ml/1 čajna žlička drobno naribane limonine lupinice

1½ lb / 675 g suhih sliv, narezanih na četrtine in izkoščičenih (izkoščičenih)

Sladkor v prahu, presejan, za posipanje

mleti cimet

Kvas zmešamo s 5 ml/1 žlico sladkorja in malo toplega mleka ter pustimo na toplem 20 minut, da se speni. Preostali sladkor in mleko stepemo s stopljenim maslom ali margarino, jajcem in rumenjakom. V skledi zmešamo moko in limonino lupinico ter na sredini naredimo jamico. Postopoma vmešajte kvas in jajčno zmes, dokler ne dobite gladkega testa. Stepajte, dokler testo ni zelo gladko in se na površini začnejo delati mehurčki. Rahlo pritisnite v pomaščen in pomokan kvadratni pekač (oblika) s premerom 25 cm/10 palcev. Slive trdno položite na testo. Pokrijemo z namaščeno plastično folijo (plastično folijo) in pustimo vzhajati na toplem 1 uro, da se podvoji. Pečemo v predhodno ogreti pečici na 200°C/400°F/termostat 6, nato temperaturo pečice takoj znižamo na 190°C/375°F/termostat 5 in pečemo 45 minut.Pečico ponovno znižamo na 180°C / 350°F/termostat 4 in pecite nadaljnjih 15 minut, dokler ne zlato porjavijo. Torto še vročo potresemo s sladkorjem v prahu in cimetom, pustimo, da se ohladi in narežemo na kvadrate.

Ameriške bučne ploščice

narediti 20

2 jajci

175 g/6 oz/¾ skodelice sladkorja v prahu (super finega).

120 ml/4 oz/½ skodelice olja

225 g/8 oz na kocke narezane kuhane buče

100 g/4 oz/1 skodelica navadne moke (za vse namene)

5 ml/1 žlica pecilnega praška

5 ml/1 čajna žlička mletega cimeta

2,5 ml/½ žličke sode bikarbone (pecilnega praška)

50 g/2 oz/1/3 skodelice rozin (zlate rozine)

Glazura iz kremnega sira

Svetla in penasto stepemo jajca, nato vmešamo sladkor in olje ter zmiksamo bučo. Vmešajte moko, pecilni prašek, cimet in sodo bikarbono, dokler se dobro ne povežejo. Dotaknite se sultanov. Zmes vlijemo v pomaščen in pomokan pekač velikosti 30 x 20 cm/12 x 8 cm in pečemo v predhodno ogreti pečici pri 180°C/350°F/termostat 4 30 minut, dokler zobotrebec, zaboden v sredino, ne izstopi čist. Pustimo, da se ohladi, nato namažemo s kremno glazuro in narežemo na ploščice.

Kutine in mandljeve ploščice

narediti 16

450g/1lb kutin

50 g/2 oz/¼ skodelice svinjskega fileja (kratkega)

2 oz/¼ skodelice/50 g masla ali margarine

100 g/4 oz/1 skodelica navadne moke (za vse namene)

30 ml/2 žlici sladkorja (super finega).

Približno 30 ml / 2 žlici vode

Za nadev:

75 g/3 oz/1/3 skodelice masla ali margarine, zmehčane

100 g/4 oz/½ skodelice sladkorja (izjemno finega).

2 jajci

Nekaj kapljic mandljeve esence (izvleček)

100 g/4 oz/1 skodelica mletih mandljev

25 g/1 oz/¼ skodelice navadne moke (univerzalne)

50 g/2 oz/½ skodelice naribanih mandljev

Kutine očistimo, odstranimo semena in drobno nasekljamo. Damo v lonec in zalijemo samo z vodo. Zavremo in pustimo vreti približno 15 minut, dokler se ne zmehča. Odvečno vodo odcedimo.

Mast in maslo ali margarino vtrite v moko, dokler zmes ne postane podobna drobtinam. Vmešajte sladkor. Dodajte toliko vode, da dobite mehko testo, nato pa ga stresite na rahlo pomokano površino in z njim obložite dno in stranice pekača 12 x 8/30 x 20 cm. Prebodemo z vilicami. Z žlico z režami razporedimo pločevinke po testu.

Zmešajte maslo ali margarino in sladkor ter postopoma vmešajte jajca in mandljevo esenco. Dodamo mlete mandlje in moko ter prelijemo čez kutine. Po vrhu potresemo narezane mandlje in pečemo v predhodno ogreti pečici na 180°C/350°F/termostat 4 45 minut, dokler niso čvrsti in zlato rjavi. Ohlajeno narežemo na kvadrate.

Ploščice z rozinami

narediti 12

175 g/6 oz/1 skodelica rozin

250 ml/8 oz/1 skodelica vode

75 ml/5 žlic olja

225 g/8 oz/1 skodelica sladkorja v prahu (super fin).

1 jajce, rahlo stepeno

200 g/7 oz/1¾ skodelice navadne moke (univerzalne)

1,5 ml/¼ čajne žličke soli

5 ml/1 čajna žlička sode bikarbone (pecilnega praška)

5 ml/1 čajna žlička mletega cimeta

2,5 ml/½ čajne žličke naribanega muškatnega oreščka

2,5 ml/½ čajne žličke mletega popra

Ščepec mletih nageljnovih žbic

50 g/2 oz/½ skodelice čokoladnih koščkov

50 g/2 oz/½ skodelice orehov, sesekljanih

2 žlici / 30 ml sladkorja v prahu (slaščice), presejanega

Rozine in vodo zavremo, dodamo olje, odstavimo z ognja in pustimo, da se malo ohladi. Zmešajte granulirani sladkor in jajca. Zmešamo moko, sol, sodo bikarbono in začimbe. Vmešajte mešanico rozin, nato pa vmešajte čokoladne koščke in oreščke. Vlijemo v pomaščen kvadratni pekač 12"/30 cm in pečemo v predhodno ogreti pečici pri 375°F/190°C/termostat 5 25 minut, dokler se torta ne začne krčiti na straneh pekača. Pustimo, da se ohladi, preden ga potresemo s sladkorjem v prahu in rezanje na palice.

Ovseni kosmiči z malinami

narediti 12

175 g/6 oz/¾ skodelice masla ali margarine

225 g/8 oz/2 skodelici samovzhajajoče moke (samovzhajajoča)

5 ml/1 žlica soli

175 g/6 oz/1½ skodelice ovsa

175 g/6 oz/¾ skodelice sladkorja v prahu (super finega).

11oz/300g škatla srednjih malin, odcejenih

Maslo ali margarino vtrite v moko in sol, nato vmešajte oves in sladkor. Polovico zmesi stresite v pomaščen kvadratni pekač 10/25 cm. Po vrhu razporedimo maline in pokrijemo s preostankom zmesi, močno pritisnemo. Pečemo v predhodno ogreti pečici na 200°C/400°F/termostat 6 20 minut. Pustimo, da se malo ohladi v pladnju, preden ga razrežemo na kvadrate.

Cimet marshmallows

narediti 24

75 g/3 oz/½ skodelice (slaščičarskega) sladkorja v prahu, presejanega

100 g/4 oz/1 skodelica navadne moke (za vse namene)

100 g/4 oz/½ skodelice masla ali margarine, zmehčane

1 jajce

225 g/8 oz/2/3 skodelice marmelade (sadje v pločevinkah)

2 beljaka

100 g/4 oz/½ skodelice sladkorja (izjemno finega).

2,5 ml/½ čajne žličke mletega cimeta

Zmešamo sladkor v prahu, moko, maslo ali margarino in jajca. Zmes vtisnite na dno pomaščenega kvadratnega pekača s premerom 25 cm in pecite v predhodno ogreti pečici na 180°C/350°F/termostat 4 10 minut. Vzamemo iz pečice in po vrhu namažemo marmelado. Beljake stepamo toliko časa, da nastane mehak sneg, nato pa dodamo kristalni sladkor in cimet, da postane trd in sijajen. Po vrhu namažemo z marmelado in postavimo v pečico za 25 minut, da zlato porumeni. Pustite, da se ohladi in nato narežite na kvadratke.

Glazura Glazura

Zadostuje za prekrivanje torte velikosti 20 cm

2/3 skodelice/4 oz/100 g granuliranega (slaščičarskega) sladkorja, presejanega

25-30 ml/1½-2 žlici vode

Nekaj kapljic barvila za hrano (neobvezno)

V skledo stresemo sladkor in ga malo po malo mešamo z vodo, dokler glazura ni homogena. Po želji pobarvajte z nekaj kapljicami jedilne barve. Glazura bo neprozorna, če jo premažemo po hladnih piškotih, ali prosojna, če jo premažemo po toplih piškotih.

Glazura za ledeno kavo

Zadostuje za prekrivanje torte velikosti 20 cm

2/3 skodelice/4 oz/100 g granuliranega (slaščičarskega) sladkorja, presejanega

25–30 ml/1½–2 žlici zelo močne črne kave

V skledo stresemo sladkor in postopoma vmešamo kavo, dokler glazura ni homogena.

Limonina glazura

Zadostuje za prekrivanje torte velikosti 20 cm

2/3 skodelice/4 oz/100 g granuliranega (slaščičarskega) sladkorja, presejanega

25-30 ml/1½-2 žlici limoninega soka

Drobno naribana lupinica 1 limone

V skledo damo sladkor in malo po malo vmešamo limonin sok in lupinico, dokler glazura ni homogena.

Pomarančna glazura

Zadostuje za prekrivanje torte velikosti 20 cm

2/3 skodelice/4 oz/100 g granuliranega (slaščičarskega) sladkorja, presejanega

25–30 ml/1½–2 žlici pomarančnega soka

drobno naribana lupinica 1 pomaranče

V posodo dajte sladkor in malo po malo vmešajte pomarančni sok in lupino, dokler glazura ni homogena.

Rumova glazura z ledom

Zadostuje za prekrivanje torte velikosti 20 cm

2/3 skodelice/4 oz/100 g granuliranega (slaščičarskega) sladkorja, presejanega

25-30 ml/1½-2 žlici ruma

V posodo damo sladkor in po malem vmešamo rum, dokler glazura ne postane homogena.

Zamrznjena vanilijeva glazura

Zadostuje za prekrivanje torte velikosti 20 cm

2/3 skodelice/4 oz/100 g granuliranega (slaščičarskega) sladkorja, presejanega

25 ml / 1½ žličke vode

Nekaj kapljic vanilijeve esence (izvleček)

V skledo damo sladkor in malo po malo mešamo vodo in vanilijevo esenco, dokler sladoled ne postane homogen.

Čokoladna glazura v pečici

Zadostuje za prekrivanje torte velikosti 23 cm

275 g/10 oz/1¼ skodelice sladkorja v prahu (super fin).

100 g/4 oz/1 skodelica navadne čokolade (polsladke)

50 g/2 oz/¼ skodelice kakava v prahu (nesladkana čokolada)

120 ml/4 oz/½ skodelice vode

Vse sestavine zavrite in mešajte, dokler se dobro ne povežejo. Kuhajte na zmernem ognju do 108 °C/220 °F ali dokler se med dvema čajnima žličkama ne oblikuje dolga vrvica. Nalijte v veliko skledo in mešajte, dokler ni gosta in sijajna.

Nadev iz čokolade in kokosa

Zadostuje za prekrivanje torte velikosti 23 cm

175 g/6 oz/1½ skodelice navadne čokolade (polsladke)

90 ml/6 žlic vrele vode

225 g/8 oz/2 skodelici posušenega kokosa (nastrganega)

Čokolado in vodo zmeljemo v blenderju ali kuhinjskem robotu, nato dodamo kokos in mešamo do gladkega. Še tople potresemo po navadnih piškotih.

Karamelni preliv

Zadostuje za prekrivanje torte velikosti 23 cm

2 oz/¼ skodelice/50 g masla ali margarine

45 ml/3 žlice kakava v prahu (nesladkana čokolada).

60 ml/4 žlice mleka

2½ skodelice/15 oz/425 g (slaščičarskega) sladkorja v prahu, presejanega

5 ml/1 čajna žlička vaniljeve esence (izvleček)

V majhni kozici raztopite maslo ali margarino in nato vmešajte kakav in mleko. Med nenehnim mešanjem zavremo, nato odstavimo z ognja. Postopoma dodajte sladkor in vanilijevo esenco ter stepajte, dokler ni homogena.

Nadev iz sladkega kremnega sira

Zadostuje za prekrivanje torte velikosti 12"/30 cm

100 g/4 oz/½ skodelice kremnega sira

25 g/1 oz/2 žlici zmehčanega masla ali margarine

2 skodelici/12 oz/350 g (slaščičarskega) sladkorja v prahu, presejanega

5 ml/1 čajna žlička vaniljeve esence (izvleček)

30 ml/2 žlici čistega medu (neobvezno)

Stepajte kremni sir in maslo ali margarino, dokler ne postanejo rahli in puhasti. Sladkor in vanilijevo esenco postopoma umešajte, dokler nista homogena. Po želji sladkajte z malo medu.

American Velvet Icing

Zadostuje za prekrivanje dveh tort velikosti 9"/23 cm

175 g/6 oz/1½ skodelice navadne čokolade (polsladke)

120 ml / 4 fl oz / ½ skodelice kisle smetane (mlečna kislina)

5 ml/1 čajna žlička vaniljeve esence (izvleček)

Malo soli

400 g/14 oz/21/3 skodelice sladkorja v prahu (slaščičarskega), presejanega

Čokolado stopite v toplotno odporni posodi nad ponvo z rahlo vrelo vodo. Odstavimo z ognja in zmešamo smetano, vanilijev ekstrakt in sol. Postopoma vmešajte sladkor, dokler ni gladka.

glazura iz maslene smetane

Zadostuje za prekrivanje torte velikosti 23 cm

2 oz/¼ skodelice/50 g zmehčanega masla ali margarine

250 g/9 oz/1½ skodelice (slaščičarskega) sladkorja v prahu, presejanega

5 ml/1 čajna žlička vaniljeve esence (izvleček)

30 ml/2 žlici smetane (svetle)

Maslo ali margarino stepamo toliko časa, da postane homogena, nato postopoma vmešamo sladkor, vaniljevo esenco in smetano, dokler ne postane homogena in kremasta.

Karamelna glazura

Zadostuje za nadev in prekrivanje torte velikosti 23 cm

100 g/4 oz/½ skodelice masla ali margarine

225 g/8 oz/1 skodelica sladkega rjavega sladkorja

60 ml/4 žlice mleka

2 skodelici/12 oz/350 g (slaščičarskega) sladkorja v prahu, presejanega

Maslo ali margarino in sladkor na majhnem ognju ob stalnem mešanju raztopimo do gladkega. Dodamo mleko in pustimo, da zavre. Odstavimo z ognja in pustimo, da se ohladi. Stepajte sladkor v prahu, dokler ne dobite konsistence, primerne za mazanje.

Limonina glazura

Zadostuje za prekrivanje torte velikosti 23 cm

25 g/1 oz/2 žlici masla ali margarine

5 ml/1 žlica naribane limonine lupinice

30 ml/2 žlici limoninega soka

250 g/9 oz/1½ skodelice (slaščičarskega) sladkorja v prahu, presejanega

Zmešajte maslo ali margarino in limonino lupinico, dokler ne postane svetlo in puhasto. Postopoma mešamo limonin sok in sladkor do homogenosti.

Glazura s kavno masleno kremo

Zadostuje za nadev in prekrivanje torte velikosti 23 cm

1 beljak

75 g/3 oz/1/3 skodelice masla ali margarine, zmehčane

30 ml/2 žlici toplega mleka

5 ml/1 čajna žlička vaniljeve esence (izvleček)

15 ml/1 žlica instant kavnih zrnc

Malo soli

2 skodelici/12 oz/350 g (slaščičarskega) sladkorja v prahu, presejanega

Zmešamo beljake, maslo ali margarino, vroče mleko, vanilijevo esenco, kavo in sol. Postopoma vmešajte sladkor v prahu do gladkega.

Lady Baltimore Frosting

Zadostuje za nadev in prekrivanje torte velikosti 23 cm

1/3 skodelice/2 oz/50 g sesekljanih rozin

2 oz/50 g/¼ skodelice glaziranih (kandiranih) češenj, sesekljanih

2 oz/½ skodelice/50 g sesekljanih orehov orehov

25 g/1 oz/3 žlice sesekljanih suhih fig

2 beljaka

350 g/12 oz/1½ skodelice sladkorja (izjemno finega).

Malo vinskega kamna

75 ml/5 žlic hladne vode

Malo soli

5 ml/1 čajna žlička vaniljeve esence (izvleček)

Zmešajte rozine, češnje, orehe in fige. Beljake, sladkor, vinski kamen, vodo in sol stepamo v toplotno odporni skledi nad ponvo z rahlo vrelo vodo približno 5 minut, dokler ne nastane čvrst sneg. Odstranite z ognja in zmešajte z vanilijevo esenco. Sadje vmešajte v tretjino glazure in z njim nadevajte torto, preostanek pa razporedite po vrhu in straneh torte.

bela glazura

Zadostuje za prekrivanje torte velikosti 23 cm

225 g/8 oz/1 skodelica sladkorja v prahu

1 beljak

30 ml/2 žlici vode

15 ml/1 žlica zlatega sirupa (lahka koruza)

Sladkor, jajčne beljake in vodo zmešajte v toplotno odporni posodi nad ponvi z rahlo vrelo vodo. Nadaljujte s stepanjem do 10 minut, dokler se zmes ne zgosti in oblikuje čvrste vrhove. Odstavimo z ognja in dodamo sirup. Nadaljujte s stepanjem, dokler ne dobite goste konsistence.

Kremno bela glazura

Zadostuje za nadev in prekrivanje torte velikosti 23 cm

75 ml/5 žlic smetane (svetle)

5 ml/1 čajna žlička vanilijeve esence (izvleček)

75 g/3 oz/1/3 skodelice kremnega sira

2 žlici/10 ml mehkega masla ali margarine

Malo soli

2 skodelici/12 oz/350 g (slaščičarskega) sladkorja v prahu, presejanega

Smetano, vanilijevo esenco, kremni sir, maslo ali margarino in sol zmešamo, da dobimo homogeno pasto. Postopoma vmešajte sladkor v prahu do gladkega.

puhasto belo glazuro

Zadostuje za nadev in prekrivanje torte velikosti 23 cm

2 beljaka

350 g/12 oz/1½ skodelice sladkorja (izjemno finega).

Malo vinskega kamna

75 ml/5 žlic hladne vode

Malo soli

5 ml/1 čajna žlička vaniljeve esence (izvleček)

Beljake, sladkor, vinski kamen, vodo in sol stepamo v toplotno odporni skledi, ki jo postavimo nad lonec z rahlo vrelo vodo približno 5 minut, dokler ne nastane čvrst sneg. Odstranite z ognja in zmešajte z vanilijevo esenco. Z njim prepognemo torto, nato pa preostanek namažemo po vrhu in ob straneh torte.

postekleni z rjavim sladkorjem

Zadostuje za prekrivanje torte velikosti 23 cm

225 g/8 oz/1 skodelica sladkega rjavega sladkorja

1 beljak

30 ml/2 žlici vode

5 ml/1 čajna žlička vaniljeve esence (izvleček)

Sladkor, jajčne beljake in vodo zmešajte v toplotno odporni posodi nad ponvi z rahlo vrelo vodo. Nadaljujte s stepanjem do 10 minut, dokler se zmes ne zgosti in oblikuje čvrste vrhove. Odstranite z ognja in dodajte vanilijevo esenco. Nadaljujte s stepanjem, dokler ne dobite goste konsistence.

Vanilijeva maslena glazura

Zadostuje za nadev in prekrivanje torte velikosti 23 cm

1 beljak

75 g/3 oz/1/3 skodelice masla ali margarine, zmehčane

30 ml/2 žlici toplega mleka

5 ml/1 čajna žlička vaniljeve esence (izvleček)

Malo soli

2 skodelici/12 oz/350 g (slaščičarskega) sladkorja v prahu, presejanega

Zmešamo beljake, maslo ali margarino, vroče mleko, vanilijevo esenco in sol. Postopoma vmešajte sladkor v prahu do gladkega.

vanilijeva krema

Naredi 1 qt./2½ skodelice/600 ml

100 g/4 oz/½ skodelice sladkorja (izjemno finega).

50 g/2 oz/¼ skodelice koruznega zdroba (koruznega škroba)

4 rumenjaki

600 ml/1 kos/2½ skodelice mleka

1 vanilijev strok (strok)

Sladkor v prahu, presejan, za posipanje

Polovico sladkorja stepemo s smetano in rumenjaki, da se dobro povežejo. Preostanek sladkorja in mleka zavremo z vanilijevim strokom. Mešanico sladkorja vmešajte v vroče mleko, nato ponovno zavrite in nenehno mešajte 3 minute, dokler se ne zgosti. Prelijemo v skledo, potresemo s sladkorjem v prahu, da se ne naredi kožica in pustimo, da se ohladi. Pred uporabo ponovno pretlačite.

Kremni nadev

Zadostuje za nadev torte velikosti 23 cm

325 ml/11 oz/1 1/3 skodelice mleka

45 ml/3 žlice koruzne moke (koruzni škrob)

60 g/2½ oz/1/3 skodelice sladkorja (izjemno finega).

1 jajce

15 ml/1 žlica masla ali margarine

5 ml/1 čajna žlička vaniljeve esence (izvleček)

30 ml/2 žlici mleka zmešajte s smetano, sladkorjem in jajci. Preostalo mleko v majhni kozici segrejte tik pod vrelišče. Vroče mleko postopoma vmešamo v jajčno zmes. Lonec oplaknemo, nato zmes vlijemo v ponev in na majhnem ognju mešamo, dokler se ne zgosti. Dodamo maslo ali margarino in vanilijevo esenco.
Pokrijemo s peki (povoščenim) papirjem in pustimo, da se ohladi.

Dansko kremno polnilo

Za 1¼ skodelice/750 ml

2 jajci

50 g/2 oz/¼ skodelice sladkorja (super fine).

50 g/2 oz/½ skodelice navadne moke (univerzalne)

600 ml/1 kos/2½ skodelice mleka

¼ vanilijevega stroka (stroka)

Jajca in sladkor zmešajte do gostega. Po malem dodajajte moko. Zavremo mleko in vanilijev strok. Odstranite vanilijev strok in v jajčno zmes vmešajte mleko. Vrnite v lonec in med stalnim mešanjem kuhajte 2-3 minute. Pred uporabo pustite, da se ohladi.

Bogat danski kremni nadev

Za 1¼ skodelice/750 ml

4 rumenjaki

30 ml/2 žlici granuliranega sladkorja

25 ml/1½ žličke navadne moke (za vse namene)

10 ml / 2 žlici krompirjevega škroba

450 ml/¾ čajne žličke/2 skodelici težke smetane (lahke)

Nekaj kapljic vanilijeve esence (izvleček)

¼ žličke/2/3 skodelice/150 ml dvojne (težke) stepene smetane

V loncu zmešamo rumenjake, sladkor, moko in smetano. Mešajte na zmernem ognju, dokler se zmes ne začne gostiti. Dodamo vanilijevo esenco in pustimo, da se ohladi. Primešamo stepeno smetano.

krema

Za 1¼ skodelice/½ pt/300 ml

2 jajci, ločeni

45 ml/3 žlice koruzne moke (koruzni škrob)

300 ml/½ pt/1¼ skodelice mleka

Nekaj kapljic vanilijeve esence (izvleček)

50 g/2 oz/¼ skodelice sladkorja (super fine).

V majhni ponvi zmešajte rumenjake, koruzno moko in mleko, dokler se dobro ne premešajo. Na srednje močnem ognju zavremo in ob stalnem mešanju kuhamo 2 minuti. Dodamo vanilijevo esenco in pustimo, da se ohladi.

Beljake stepemo, dodamo polovico sladkorja in ponovno stepemo v trd sneg. Vmešajte preostanek sladkorja. Stepite mešanico smetane in jo ohladite do uporabe.

Ingverjev kremni nadev

Zadostuje za nadev torte velikosti 23 cm

100 g/4 oz/½ skodelice masla ali margarine, zmehčane

450 g/1 lb/2 2/3 skodelice (slaščičarskega) sladkorja v prahu, presejanega

5 ml/1 žlička mletega ingverja

30 ml/2 žlici mleka

75 g/3 oz/¼ skodelice temnega sirupa (melasa)

Maslo ali margarino stepemo s sladkorjem in ingverjem, da postane kremasta. Postopoma vmešajte mleko in sirup, dokler ni gladka in mazljiva. Če je nadev preredek, dodamo še malo sladkorja.

Limonin okras

Naredi 8 fl oz/1 skodelico/250 ml

100 g/4 oz/½ skodelice sladkorja (izjemno finega).

30 ml/2 žlici koruzne moke (koruzni škrob)

60 ml/4 žlice limoninega soka

15 ml / 1 žlica naribane limonine lupinice

120 ml/4 oz/½ skodelice vode

Malo soli

15 ml/1 žlica masla ali margarine

Združite vse sestavine razen masla ali margarine v majhni ponvi na majhnem ognju in nežno mešajte, dokler se dobro ne povežejo. Zavremo in pustimo vreti 1 minuto. Vmešajte maslo ali margarino in pustite, da se ohladi. Pred uporabo ohladite.

Čokoladna glazura

Zadostuje za glazuro 10"/25 cm torte

2 oz/½ skodelice/50 g navadne (polsladke) čokolade, sesekljane

2 oz/¼ skodelice/50 g masla ali margarine

2,5 ml/½ čajne žličke vaniljeve esence (izvleček)

75 ml/5 žlic vrele vode

2 skodelici/12 oz/350 g (slaščičarskega) sladkorja v prahu, presejanega

Vse sestavine zmešajte v mešalniku ali kuhinjskem robotu do gladkega, po potrebi stisnite sestavine. Uporabite takoj.

glazura za sadno torto

Zadostuje za glazuro 10"/25 cm torte

75 ml/5 žlic zlatega sirupa (svetla koruza)

60 ml/4 žlice ananasovega ali pomarančnega soka

V majhni ponvi zmešajte sirup in sok ter zavrite. Odstavimo z ognja in zmes premažemo po vrhu in straneh ohlajene torte. Pustite, da glazuro ponovno zavrete in torto premažete z drugo plastjo.

Pomarančna sadna glazura za torto

Zadostuje za glazuro 10"/25 cm torte

50 g/2 oz/¼ skodelice sladkorja (super fine).

30 ml/2 žlici pomarančnega soka

10 ml/2 žlički naribane pomarančne lupinice

Sestavine zmešajte v majhnem loncu in jih med stalnim mešanjem zavrite. Odstavimo z ognja in zmes premažemo po vrhu in straneh ohlajene torte. Pustite, da glazuro ponovno zavrete in torto premažete z drugo plastjo.

Mandljevi meringue kvadratki

narediti 12

225 g listnatega testa

60 ml/4 žlice malinovega džema (iz pločevinke)

2 beljaka

50 g/2 oz/½ skodelice mletih mandljev

100 g/4 oz/½ skodelice sladkorja (izjemno finega).

Nekaj kapljic mandljeve esence (izvleček)

25 g/1 oz/¼ skodelice naribanih mandljev

Razvaljajte pecivo (testo) in z njim obložite pomaščen pekač 12 x 8/30 x 20 cm. Namažemo z marmelado. Iz beljakov stepite trd sneg in nežno vmešajte mandlje, sladkor in mandljevo esenco. Namažemo z marmelado in potresemo z mandlji. Pecite v predhodno ogreti pečici na 180°C/350°F/termostat 4 45 minut, dokler ne postanejo zlatorjavi in hrustljavi. Pustite, da se ohladi in nato narežite na kvadratke.

angelske kapljice

narediti 24

2 oz/¼ skodelice/50 g zmehčanega masla ali margarine

50 g/2 oz/¼ skodelice svinjskega fileja (kratkega)

100 g/4 oz/½ skodelice sladkorja (izjemno finega).

1 majhno jajce, pretepljeno

Nekaj kapljic vanilijeve esence (izvleček)

175 g/6 oz/1½ skodelice samovzhajajoče moke

45 ml/3 žlice ovsenih kosmičev

50 g/2 oz/¼ skodelice glaziranih (kandiranih) češenj, prepolovljenih

Zmešajte maslo ali margarino, mast in sladkor, da postane svetlo in puhasto. Dodajte jajce in vanilijevo esenco, nato dodajte moko in mešajte, dokler ne dobite trde paste. Zlomite v majhne kroglice in zvaljajte oves. Dobro odložimo v pomaščen pekač in vsakega obložimo s češnjo. Pečemo v predhodno ogreti pečici na 180°C/350°F/termostat 4 20 minut, dokler se strdi. Pustite, da se ohladi na plošči.

Mandljevi lističi

narediti 12

100 g/4 oz/½ skodelice masla ali margarine

225 g/8 oz/2 skodelici navadne moke (univerzalne)

5 ml/1 žlica pecilnega praška

50 g/2 oz/¼ skodelice sladkorja (super fine).

1 jajce, ločeno

75 ml/5 žlic malinovega džema (iz pločevinke)

2/3 skodelice/4 oz/100 g granuliranega (slaščičarskega) sladkorja, presejanega

100 g/4 oz/1 skodelica naribanih mandljev

Maslo ali margarino vtrite v moko in pecilni prašek, dokler zmes ne postane podobna drobtinam. Vmešamo sladkor, nato pa še rumenjaka in zgnetemo čvrsto testo. Testo razvaljamo na rahlo pomokani površini, da se prilega namaščenemu pekaču 30 x 20 cm/12 x 8. Nežno ga potisnemo v pekač in rahlo privzdignemo robove testa, da naredimo robove. Namažemo z marmelado. Beljake stepamo toliko časa, da postanejo čvrsti in jim postopoma dodajamo sladkor v prahu. Namažemo z marmelado in potresemo z mandlji. Pecite v predhodno ogreti pečici na 160°C/325°F/termostat 3 1 uro, dokler niso zlato rjavi in pravkar pečeni. Pustimo 5 minut, da se ohladi v pladnju, nato narežemo na prste in vrnemo na rešetko, da se ohladi.

Bakewell torte

narediti 24

Za pecivo:

25 g/1 oz/2 žlici svinjske masti (kratka)

25 g/1 oz/2 žlici masla ali margarine

100 g/4 oz/1 skodelica navadne moke (za vse namene)

Malo soli

30 ml/2 žlici vode

45 ml/3 žlice malinovega džema (iz pločevinke)

Za nadev:

2 oz/¼ skodelice/50 g zmehčanega masla ali margarine

50 g/2 oz/¼ skodelice sladkorja (super fine).

1 jajce, rahlo stepeno

25 g/1 oz/¼ skodelice samovzhajajoče moke (samovzhajajoča)

25 g/1 oz/¼ skodelice mletih mandljev

Nekaj kapljic mandljeve esence (izvleček)

Za pripravo mase (paste) mast ali margarino vtrite v moko in sol, dokler zmes ne postane podobna drobtinam. Zmešajte toliko vode, da dobite gladko testo. Na rahlo pomokano površino na tanko razvaljamo, narežemo na 3/7 cm velike kroge in obložimo polovici dveh pomaščenih pekačev za kruh (klopi). Napolnimo z marmelado.

Za nadev stepemo maslo ali margarino in sladkor ter postopoma dodajamo jajce. Dodamo moko, mlete mandlje in mandljevo esenco. Zmes vlijemo v kolačke, robove zalepimo s testom, da je marmelada popolnoma prekrita. Pečemo v predhodno ogreti pečici na 180°C/350°F/termostat 4 20 minut do zlate barve.

Čokoladni piškoti metulji

Naredi približno 12 piškotov

Za piškotke:

100 g/4 oz/½ skodelice masla ali margarine, zmehčane

100 g/4 oz/½ skodelice sladkorja (izjemno finega).

2 jajci, rahlo stepeni

100 g/4 oz/1 skodelica samovzhajajoče moke

30 ml/2 žlici kakava v prahu (nesladkana čokolada).

Malo soli

30 ml/2 žlici hladnega mleka

Za glazuro:

2 oz/¼ skodelice/50 g zmehčanega masla ali margarine

2/3 skodelice/4 oz/100 g granuliranega (slaščičarskega) sladkorja, presejanega

10 ml/2 žlici toplega mleka

Za pripravo piškotov, kremnega masla ali margarine in sladkorja, dokler ne postanejo bledi in puhasti. Postopoma dodajamo jajca, izmenjaje z moko, kakavom in soljo, nato dodajamo mleko, da dobimo homogeno zmes. Vlijemo v peki papir (papir za mafine) ali pomaščene modelčke (papir za pečenje) in pečemo v predhodno ogreti pečici na 190°/375°F/termostat 5 15-20 minut, da se dobro napihnejo in postanejo elastični na otip. Pustimo, da se ohladi. Vrh piškotov vodoravno prerežite in nato vrh navpično prepolovite, da naredite krila metulja.

Za pripravo glazure stepite maslo ali margarino do gladkega, nato dodajte polovico sladkorja v prahu. Stepite mleko in nato še preostali sladkor. Mešanico za glazuro razdelite med torte, nato pa "krila" diagonalno pritisnite na vrh torte.

Kokosovi piškoti

narediti 12

100 g/4 oz masla

2 oz/¼ skodelice/50 g zmehčanega masla ali margarine

50 g/2 oz/¼ skodelice sladkorja (super fine).

1 jajce, pretepeno

25 g / 1 oz / 2 žlici riževe moke

50 g/2 oz/½ skodelice posušenega kokosa (nastrganega)

¼ žličke/1,5 ml pecilnega praška

60 ml/4 žlice čokoladnega namaza

Testo razvaljamo (testo) in z njim obložimo stranice žemlje (pekača za meso). Zmešajte maslo ali margarino in sladkor, nato vmešajte jajca in riževo moko. Vmešajte kokos in pecilni prašek. Na dno vsake posode za tart (tarte) damo žličko čokoladnega namaza. Po vrhu prelijte kokosovo mešanico in pecite v predhodno ogreti pečici na 200 °C/400 °F/termostat 6 15 minut, dokler ni pečen in zlato rjav.

Sladki mafini

narediti 15

100 g/4 oz/½ skodelice masla ali margarine, zmehčane

225 g/8 oz/1 skodelica sladkorja v prahu (super fin).

2 jajci

5 ml/1 čajna žlička vaniljeve esence (izvleček)

175 g/6 oz/1½ skodelice samovzhajajoče moke

5 ml/1 žlica pecilnega praška

Malo soli

75 ml/5 žlic mleka

Zmešajte maslo ali margarino in sladkor, da postanejo rahli in puhasti. Postopoma dodajte jajca in vanilijevo esenco ter po vsakem dodatku dobro stepite. Izmenično z mlekom dodajte moko, pecilni prašek in sol ter dobro premešajte. Zmes vlijemo v papirnate modelčke (papir za kolačke) in pečemo v predhodno ogreti pečici na 190°C/375°F/termostat 5 20 minut, dokler zobotrebec, ki ga zapičimo v sredino, ne izstopi čist.

kavna zrna

narediti 12

Za piškotke:

100 g/4 oz/½ skodelice masla ali margarine, zmehčane

100 g/4 oz/½ skodelice sladkorja (izjemno finega).

2 jajci, rahlo stepeni

100 g/4 oz/1 skodelica samovzhajajoče moke

10 ml/2 čajni žlički kavne esence (izvleček)

Za glazuro:

2 oz/¼ skodelice/50 g zmehčanega masla ali margarine

2/3 skodelice/4 oz/100 g granuliranega (slaščičarskega) sladkorja, presejanega

Nekaj kapljic kavne esence (izvleček)

100 g/4 oz/1 skodelica čokoladnih koščkov

Za pripravo piškotov uporabite kremo iz masla ali margarine in sladkorja, dokler ne postanejo rahli in puhasti. Postopoma dodajte jajca in nato dodajte moko in kavno esenco. Zmes vlijemo v papirnate modelčke (papir za kolačke) na pekač (papir za peko) in pečemo v predhodno ogreti pečici na 180°C/350°F/termostat 4 20 minut, da se dobro napihne in postane elastična na otip. Pustimo, da se ohladi.

Za pripravo glazure stepite maslo ali margarino, dokler ni gladka, nato vmešajte sladkor v prahu in kavno esenco. Premažemo po tortah in okrasimo s koščki čokolade.

Piškotki Eccles

narediti 16

2 oz/¼ skodelice/50 g masla ali margarine

50 g/2 oz/¼ skodelice sladkega rjavega sladkorja

225 g/8 oz/11/3 skodelice ribeza

450g/1lb listnatega testa ali listnatega testa

Malo mleka

45 ml/3 žlice sladkorja (super finega).

Na majhnem ognju raztopimo maslo ali margarino in rjavi sladkor, dobro premešamo. Odstavimo z ognja in vmešamo ribez. Naj se malo ohladi. Testo (testenine) razvaljamo na pomokani površini in izrežemo na 16 krogov. Mešanico za nadev porazdelite med kroge, nato pa robove zavihajte proti sredini, namažite z vodo, da zaprete robove. Piškote obrnemo in jih nežno zvaljamo z valjarjem, da se rahlo sploščijo. Na vrhu vsakega naredite tri zareze, jih premažite z mlekom in potresite s sladkorjem. Položimo na pomaščen pekač in pečemo v ogreti pečici na 200°C/400°F/termostat 6 20 minut do zlate barve.

Pravljični piškoti

Ura bo okoli 12

100 g/4 oz/½ skodelice masla ali margarine, zmehčane

100 g/4 oz/½ skodelice sladkorja (izjemno finega).

2 jajci, rahlo stepeni

100 g/4 oz/1 skodelica samovzhajajoče moke

Malo soli

30 ml/2 žlički mleka

Nekaj kapljic vanilijeve esence (izvleček)

Zmešajte maslo ali margarino in sladkor, dokler ne postanejo bledi in puhasti. Postopoma dodajamo jajca, izmenjaje z moko in soljo, nato dodajamo mleko in vanilijevo esenco, da dobimo homogeno zmes. Vlijemo v pomaščene modele za torte (pekač za kolačke) ali modele za kruh (palačinke) in pečemo v predhodno ogreti pečici na 190°C/375°F/termostat 5 15-20 minut, dokler se dobro ne napihne in ne postane elastično.

Pravljične torte glazirane s perjem

narediti 12

2 oz/¼ skodelice/50 g zmehčanega masla ali margarine

50 g/2 oz/¼ skodelice sladkorja (super fine).

1 jajce

50 g/2 oz/½ skodelice samovzhajajoče moke (samovzhajajoča)

100 g/4 oz/2/3 skodelice sladkorja (slaščice).

15 ml/1 žlica tople vode

Nekaj kapljic barvila za hrano

Zmešajte maslo ali margarino in sladkor, dokler ne postanejo bledi in puhasti. Postopoma dodajte jajce in nato dodajte moko. Zmes razdelite na 12 papirnatih (papir za kolačke) (peki papir) pladnjev. Pečemo v predhodno ogreti pečici na 160°C/325°F/termostat 3 15-20 minut, dokler ne postanejo vzmetni. Pustimo, da se ohladi.

Zmešajte sladkor v prahu in toplo vodo. Eno tretjino glazure pobarvajte z jedilno barvo po vaši izbiri. Belo glazuro premažite po kolačih. Barvno glazuro nanesite na torto v črtah, nato pa s konico noža potegnite pravokotno na črte, najprej v eno smer in nato v drugo, da ustvarite valovit vzorec. Naj ga ima

Genovske fantazije

narediti 12

3 jajca, rahlo stepena

75 g/3 oz/1/3 skodelice sladkorja v prahu (super fin).

75 g/3 oz/¾ skodelice samovzhajajoče moke (samovzhajajoča)

Nekaj kapljic vanilijeve esence (izvleček)

25 g/1 oz/2 žlici masla ali margarine, stopljene in ohlajene

60 ml/4 žlice marelične marmelade (v pločevinki), precejene (filtrirane)

60 ml / 4 žlice vode

8 oz/11/3 skodelice sladkorja v prahu (slaščice), presejanega

Nekaj kapljic roza in modre jedilne barve (neobvezno)

Okrašena torta

Jajca in sladkor v prahu dajte v toplotno odporno skledo nad ponev z rahlo vročo vodo. Stepajte, dokler zmes ne pride iz stepalnika v trakovih. Zmešajte moko in vanilijevo esenco, nato pa vmešajte maslo ali margarino. Zmes vlijemo v pomaščen pekač 30 x 20 cm/12 x 8 in pečemo v predhodno ogreti pečici na 190°C/375°F/termostat 5 30 minut. Pustite, da se ohladi in nato narežite na oblike. Segrejte marmelado s 30 ml/2 žlici vode in pobarvajte kolačke.

V skledo presejemo sladkor v prahu. Če želite narediti sladoled v različnih barvah, ga razdelite v ločene sklede in v sredino vsake naredite fontano. Postopoma dodajte nekaj kapljic barve in dovolj preostale vode, da zmešate v precej trdo glazuro. Namažemo ga po tortah in okrasimo po želji.

Makaroni z mandlji

narediti 16

rižev papir

100 g/4 oz/½ skodelice sladkorja (izjemno finega).

50 g/2 oz/½ skodelice mletih mandljev

5 ml/1 žlička mletega riža

Nekaj kapljic mandljeve esence (izvleček)

1 beljak

8 blanširanih mandljev, prepolovljenih

Pekač (torto) obložimo z riževim papirjem. Vse sestavine razen blanširanih mandljev zmešajte v čvrsto pasto in dobro premešajte. V pekač po žlicah stresamo mešanico in vsako potresemo s polovico mandlja. Pečemo v predhodno ogreti pečici na 150°C/325°F/termostat 3 25 minut. Pustite, da se ohladi na listu, nato pa vsakega posebej zarežite ali raztrgajte, da ga ločite od lista riževega papirja.

Kokosovi makaroni

narediti 16

2 beljaka

150 g/5 oz/2/3 skodelice sladkorja (izjemno finega).

150 g/5 oz/1¼ skodelice posušenega kokosa (nastrganega)

rižev papir

8 glaziranih (kandiranih) češenj, prerezanih na pol

Beljake močno stepemo. Stepajte sladkor, dokler zmes ne dobi čvrstih vrhov. Obrnite kokos. Na pekač položimo rižev papir in nanj po žlicah polagamo mešanico. Na vsako položimo polovico češnje. Pečemo v predhodno ogreti pečici na 160°C/325°F/termostat 3 30 minut, dokler se strdi. Pustite, da se ohladi na riževem papirju, nato pa vsakega zarežite ali raztrgajte, da ga ločite od riževega papirja.

Makaroni z limeto

narediti 12

100 g/4 oz masla

60 ml/4 žlice limetine marmelade

2 beljaka

50 g/2 oz/¼ skodelice sladkorja (super fine).

25 g/1 oz/¼ skodelice mletih mandljev

10 ml/2 žlički mletega riža

5 ml/1 čajna žlička vode pomarančnih cvetov

Testo razvaljamo (testo) in z njim obložimo stranice žemlje (pekača za meso). V vsako lupino za tart (tarto lupino) z žlico nalijemo malo žličko marmelade. Beljake močno stepemo. Mešajte sladkor, dokler se ne strdi in postane sijajno. Vmešajte mandlje, riž in pomarančni sok. Vlijemo v kalupe, popolnoma prekrijemo žele. Pečemo v predhodno ogreti pečici na 180°C/350°F/termostat 4 30 minut do zlate barve.

Ovseni makaroni

narediti 24

175 g/6 oz/1½ skodelice ovsa

175 g/6 oz/¾ skodelice sladkornega prahu

120 ml/4 oz/½ skodelice olja

1 jajce

2,5 ml/½ čajne žličke soli

2,5 ml/½ žličke mandljeve esence (izvleček)

Zmešajte kosmiče, sladkor in olje ter pustite stati 1 uro. Stepite jajce, sol in mandljevo esenco. Zmes z žlicami polagamo v pomaščen model in pečemo v predhodno ogreti pečici na 160°C/325°F/termostat 3 20 minut do zlate barve.

Madeleine

narediti 9

100 g/4 oz/½ skodelice masla ali margarine, zmehčane

100 g/4 oz/½ skodelice sladkorja (izjemno finega).

2 jajci, rahlo stepeni

100 g/4 oz/1 skodelica samovzhajajoče moke

175 g/6 oz/½ skodelice jagodne ali malinove marmelade (v pločevinki)

60 ml / 4 žlice vode

50 g/2 oz/½ skodelice posušenega kokosa (nastrganega)

5 glaziranih (kandiranih) češenj, prerezanih na pol

Maslo ali margarino rahlo stepemo, nato pa ji dodamo sladkor, da postane rahla in puhasta. Postopoma dodajte jajca in nato dodajte moko. Vlijemo v devet z maslom namazanih modelčkov za dariole in položimo na pladenj. Pecite v predhodno ogreti pečici na 190°C/375°F/termostat 5 20 minut, dokler se dobro ne napihnejo in zlato porumenijo. Pustite, da se ohladi v pekačih 5 minut, nato pa obrnite na rešetko, da se ohladi.

Zgladite vrh vsake torte, dokler ni gladek. Precedite (precedite) žele in ga zavrite z vodo v manjši kozici ter mešajte, dokler ni dobro homogen. Kokos razporedite po velikem listu pergamentnega (povoščenega) papirja. Na dno prve torte nabodemo nabodalo, namažemo z žele glazuro, nato povaljamo v kokosu, dokler ni prekrito. Položimo na servirni krožnik. Ponovite s preostalimi piškoti. Okrasimo z razpolovljenimi glaziranimi češnjami.

Martipan palačinke

Ura bo okoli 12

450 g/1 lb/4 skodelice mletih mandljev

2/3 skodelice/4 oz/100 g granuliranega (slaščičarskega) sladkorja, presejanega

100 g/4 oz/½ skodelice sladkorja (izjemno finega).

30 ml/2 žlici vode

3 beljaki

Za glazuro:
2/3 skodelice/4 oz/100 g granuliranega (slaščičarskega) sladkorja, presejanega

1 beljak

2,5 ml/½ žličke kisa

Vse sestavine za torto zmešajte v ponvi in med mešanjem rahlo segrevajte, dokler testo ne vpije vse tekočine. Odstavimo z ognja in pustimo, da se ohladi. Na rahlo pomokani površini razvaljamo na 1/2 cm debelo in narežemo na 1½/3 cm široke trakove. Narežite na 5 cm/2 dolžine, položite na pomaščen pekač in pecite v predhodno ogreti pečici na 150 °C/300 °F/termostat 2 20 minut, dokler vrh ne postane svetlo zlate barve. Pustimo, da se ohladi.

Za pripravo sladoleda postopoma stepamo beljake in kis s sladkorjem v prahu, dokler ne dobimo mehkega in gostega sladoleda. Glazuro prelijemo po piškotih.

muffini

narediti 12

225 g/8 oz/2 skodelici navadne moke (univerzalne)

100 g/4 oz/½ skodelice sladkorja (izjemno finega).

10 ml / 2 žlici pecilnega praška

2,5 ml/½ čajne žličke soli

1 jajce, rahlo stepeno

250 ml/8 oz/1 skodelica mleka

120 ml/4 oz/½ skodelice olja

Zmešamo moko, sladkor, pecilni prašek in sol ter v sredini naredimo jamico. Združite preostale sestavine in mešajte s suhimi sestavinami, dokler se ne povežejo. Ne premešajte. Vlijemo v modelčke za mafine (papir) ali z maslom namazane modelčke za mafine in pečemo v predhodno ogreti pečici na 200°C/400°F/termostat 6 20 minut, da se dobro napihnejo in prožejo na otip.

Jabolčni mafini

narediti 12

225 g/8 oz/2 skodelici navadne moke (univerzalne)

100 g/4 oz/½ skodelice sladkorja (izjemno finega).

10 ml / 2 žlici pecilnega praška

2,5 ml/½ čajne žličke soli

1 jajce, rahlo stepeno

250 ml/8 oz/1 skodelica mleka

120 ml/4 oz/½ skodelice olja

2 desertni jabolki, olupljeni, strženi in narezani

Zmešamo moko, sladkor, pecilni prašek in sol ter v sredini naredimo jamico. Združite preostale sestavine in mešajte s suhimi sestavinami, dokler se ne povežejo. Ne premešajte. Vlijemo v modelčke za mafine (papir) ali z maslom namazane modelčke za mafine in pečemo v predhodno ogreti pečici na 200°C/400°F/termostat 6 20 minut, da se dobro napihnejo in prožejo na otip.

Bananini mafini

narediti 12

225 g/8 oz/2 skodelici navadne moke (univerzalne)

100 g/4 oz/½ skodelice sladkorja (izjemno finega).

10 ml / 2 žlici pecilnega praška

2,5 ml/½ čajne žličke soli

1 jajce, rahlo stepeno

250 ml/8 oz/1 skodelica mleka

120 ml/4 oz/½ skodelice olja

2 banani, pretlačeni

Zmešamo moko, sladkor, pecilni prašek in sol ter v sredini naredimo jamico. Združite preostale sestavine in mešajte s suhimi sestavinami, dokler se ne povežejo. Ne premešajte. Vlijemo v modelčke za mafine (papir) ali z maslom namazane modelčke za mafine in pečemo v predhodno ogreti pečici na 200°C/400°F/termostat 6 20 minut, da se dobro napihnejo in prožejo na otip.

Mafini s črnim ribezom

narediti 12

225 g/8 oz/2 skodelici samovzhajajoče moke (samovzhajajoča)

75 g/3 oz/1/3 skodelice sladkorja v prahu (super fin).

2 beljaka

75 g/3 oz črnega ribeza

7 fl oz/liter 200 ml 1 skodelica mleka

30 ml/2 žlici olja

Zmešajte moko in sladkor. Beljake rahlo stepemo in jih primešamo suhim sestavinam. Dodamo črni ribez, mleko in olje. Vlijemo v z maslom namazane modelčke za mafine in pečemo v predhodno ogreti pečici na 200°C/400°F/termostat 6 15-20 minut do zlatorjave barve.

Ameriški borovničevi muffini

narediti 12

150 g/5 oz/1¼ skodelice navadne moke (za vse namene)

75 g/3 oz/¾ skodelice koruzne moke

75 g/3 oz/1/3 skodelice sladkorja v prahu (super fin).

10 ml / 2 žlici pecilnega praška

Malo soli

1 jajce, rahlo stepeno

75 g/3 oz/1/3 skodelice masla ali margarine, stopljene

250 ml/8 oz/1 skodelica pinjenca

100 g/4 oz borovnic

Zmešamo moko, maslo, sladkor, pecilni prašek in sol ter v sredini naredimo jamico. Dodamo jajce, maslo ali margarino in pinjenec ter mešamo do gladkega. Vmešajte borovnice ali robide. Vlijemo v modelčke za mafine (papir) in pečemo v predhodno ogreti pečici na 200°C/400°F/termostat 6 20 minut, da postanejo zlato rjavi in prožni na otip.

Mafini s češnjami

narediti 12

225 g/8 oz/2 skodelici navadne moke (univerzalne)

100 g/4 oz/½ skodelice sladkorja (izjemno finega).

100g/4oz/½ skodelice glaziranih (kandiranih) češenj.

10 ml / 2 žlici pecilnega praška

2,5 ml/½ čajne žličke soli

1 jajce, rahlo stepeno

250 ml/8 oz/1 skodelica mleka

120 ml/4 oz/½ skodelice olja

Zmešamo moko, sladkor, češnjevce, pecilni prašek in sol ter v sredini naredimo jamico. Združite preostale sestavine in mešajte s suhimi sestavinami, dokler se ne povežejo. Ne premešajte. Vlijemo v modelčke za mafine (papir) ali z maslom namazane modelčke za mafine in pečemo v predhodno ogreti pečici na 200°C/400°F/termostat 6 20 minut, da se dobro napihnejo in prožejo na otip.

čokoladni mafini

Naredite 10-12

175 g/6 oz/1½ skodelice navadne moke (univerzalne)

40 g/1½ oz/1/3 skodelice kakava v prahu (nesladkana čokolada)

100 g/4 oz/½ skodelice sladkorja (izjemno finega).

10 ml / 2 žlici pecilnega praška

2,5 ml/½ čajne žličke soli

1 veliko jajce

250 ml/8 oz/1 skodelica mleka

2,5 ml/½ čajne žličke vaniljeve esence (izvleček)

120 ml/4 fl oz/½ skodelice sončničnega ali rastlinskega olja

Zmešajte suhe sestavine in na sredini naredite jamico. Dobro zmešajte jajce, mleko, vanilijevo esenco in olje. Hitro vmešajte tekočino v suhe sestavine, dokler niso vse vključene. Ne premešajte; zmes mora biti grudasta. Vlijemo v modelčke za mafine (papir) ali modelčke (mod) in pečemo v predhodno ogreti pečici na 200°C/400°F/termostat 6 približno 20 minut, da se dobro napihnejo in prožejo na otip.

Čokoladni mafini

narediti 12

175 g/6 oz/1½ skodelice navadne moke (univerzalne)

100 g/4 oz/½ skodelice sladkorja (izjemno finega).

45 ml/3 žlice kakava v prahu (nesladkana čokolada).

100 g/4 oz/1 skodelica čokoladnih koščkov

10 ml / 2 žlici pecilnega praška

2,5 ml/½ čajne žličke soli

1 jajce, rahlo stepeno

250 ml/8 oz/1 skodelica mleka

120 ml/4 oz/½ skodelice olja

2,5 ml/½ čajne žličke vaniljeve esence (izvleček)

Zmešamo moko, sladkor, kakav, čokoladne kosmiče, pecilni prašek in sol ter v sredini naredimo jamico. Združite preostale sestavine in mešajte s suhimi sestavinami, dokler se ne povežejo. Ne premešajte. Vlijemo v modelčke za mafine (papir) ali z maslom namazane modelčke za mafine in pečemo v predhodno ogreti pečici na 200°C/400°F/termostat 6 20 minut, da se dobro napihnejo in prožejo na otip.

cimetova žemljica

narediti 12

225 g/8 oz/2 skodelici navadne moke (univerzalne)

100 g/4 oz/½ skodelice sladkorja (izjemno finega).

10 ml / 2 žlici pecilnega praška

5 ml/1 čajna žlička mletega cimeta

2,5 ml/½ čajne žličke soli

1 jajce, rahlo stepeno

250 ml/8 oz/1 skodelica mleka

120 ml/4 oz/½ skodelice olja

Zmešamo moko, sladkor, pecilni prašek, cimet in sol ter v sredini naredimo jamico. Združite preostale sestavine in mešajte s suhimi sestavinami, dokler se ne povežejo. Ne premešajte. Vlijemo v modelčke za mafine (papir) ali z maslom namazane modelčke za mafine in pečemo v predhodno ogreti pečici na 200°C/400°F/termostat 6 20 minut, da se dobro napihnejo in prožejo na otip.

Muffini iz koruzne moke

narediti 12

50 g/2 oz/½ skodelice navadne moke (univerzalne)

100 g/4 oz/1 skodelica koruzne moke

5 ml/1 žlica pecilnega praška

1 jajce, ločeno

1 rumenjak

30 ml/2 žlici koruznega olja

30 ml/2 žlici mleka

Zmešajte moko, maslo in pecilni prašek. Rumenjake, olje in mleko zmešamo, nato primešamo suhim sestavinam. Iz beljakov stepemo trd sneg in ga dodamo zmesi. Vlijemo v modelčke za mafine (papir) ali pomaščene modelčke za mafine in pečemo v predhodno ogreti pečici na 200°C/termostat 6 približno 20 minut do zlate barve.

Mafini s celimi figami

narediti 10

100 g/4 oz/1 skodelica polnozrnate (pšenične) moke.

5 ml/1 žlica pecilnega praška

50 g/2 oz/½ skodelice ovsenih kosmičev

1/3 skodelice/2 oz/50 g sesekljanih suhih fig

45 ml/3 žlice olja

75 ml/5 žlic mleka

15 ml/1 žlica temnega sirupa (melasa)

1 jajce, rahlo stepeno

Zmešajte moko, pecilni prašek in ovsene kosmiče ter dodajte fige. Olje, mleko in sirup segrejte do gladkega, nato zmešajte suhe sestavine z jajcem in mešajte, dokler ne nastane trdo testo. Zmes vlijemo v modelčke za mafine (papir) ali pomaščene modelčke za mafine in pečemo v predhodno ogreti pečici na 190°C/375°F/termostat 5 približno 20 minut do zlatorjave barve.

Mafini s sadjem in otrobi

narediti 8

100 g/4 oz/1 skodelica žitnih otrob

50 g/2 oz/½ skodelice navadne moke (univerzalne)

2,5 ml/½ žličke pecilnega praška

5 ml/1 čajna žlička sode bikarbone (pecilnega praška)

5 ml/1 žlička mlete začimbe (jabolčna pita)

50 g/2 oz/1/3 skodelice rozin

100 g/4 oz/1 skodelica jabolčne čemačke (omaka)

5 ml/1 čajna žlička vaniljeve esence (izvleček)

30 ml/2 žlici mleka

Zmešajte suhe sestavine in na sredini naredite jamico. Zmešajte rozine, jabolčno omako in vanilijev ekstrakt ter toliko mleka, da dobite gladko zmes. Vlijemo v modelčke za mafine (papir) ali pomaščene modelčke za mafine in pečemo v predhodno ogreti pečici na 200°C/400°F/termostat 6 20 minut, dokler se lepo ne napihnejo in zlato porumenijo.

Ovseni mafini

narediti 20

100 g/4 oz/1 skodelica ovsenih kosmičev

100 g/4 oz/1 skodelica ovsene moke

225 g/8 oz/2 skodelici polnozrnate pšenične moke (polnozrnate pšenice).

10 ml / 2 žlici pecilnega praška

50 g/2 oz/1/3 skodelice rozin (neobvezno)

375 ml/13 oz/1½ skodelice mleka

10 ml / 2 žlici olja

2 beljaka

Zmešajte oves, moko in pecilni prašek ter vmešajte rozine, če jih uporabljate. Zmešajte mleko in olje. Iz beljakov stepemo trd sneg, ki ga vmešamo v zmes. Vlijemo v modelčke za mafine (papir) ali pomaščene modelčke za mafine in pečemo v predhodno ogreti pečici na 190°C/375°F/termostat 5 približno 25 minut do zlate barve.

Ovseni in sadni mafini

narediti 10

100 g/4 oz/1 skodelica polnozrnate (pšenične) moke.

100 g/4 oz/1 skodelica ovsenih kosmičev

15 ml/1 žlica pecilnega praška

100 g/4 oz/2/3 skodelice rozin (zlate rozine)

50 g/2 oz/½ skodelice sesekljanih mešanih oreščkov

1 jabolko (desertno), olupljeno, izrezano peščico in naribano

45 ml/3 žlice olja

30 ml/2 žlici čistega medu

15 ml/1 žlica temnega sirupa (melasa)

1 jajce, rahlo stepeno

90 ml/6 žlic mleka

Zmešajte moko, oves in pecilni prašek. Zmešajte rozine, orehe in jabolko. Olje, med in sirup segrevajte, dokler se ne stopijo, nato mešanico skupaj z jajcem in toliko mleka stepite, da dobite gladko konsistenco. Vlijemo v modelčke za mafine (papir) ali pomaščene modelčke za mafine in pečemo v predhodno ogreti pečici na 190°C/375°F/termostat 5 približno 25 minut do zlate barve.

Pomarančni mafini

narediti 12

100 g/4 oz/1 skodelica samovzhajajoče moke

100 g/4oz/½ skodelice sladkega rjavega sladkorja

1 jajce, rahlo stepeno

120 ml/4 oz/½ skodelice pomarančnega soka

60 ml/4 žlice olja

2,5 ml/½ čajne žličke vanilijeve esence (izvleček)

25 g/1 oz/2 žlici masla ali margarine

30 ml/2 žlici navadne moke (za vse namene)

2,5 ml/½ čajne žličke mletega cimeta

V skledi zmešamo samovzhajajočo moko in polovico sladkorja. Zmešajte jajce, pomarančni sok, olje in vanilijevo esenco, nato pa zmešajte suhe sestavine do gladkega. Ne premešajte. Vlijemo v modelčke za mafine (papir) ali modelčke za mafine (pekač) in pečemo v predhodno ogreti pečici na 200°C/termostat 6 10 minut.

Medtem v gladko moko vtremo maslo ali margarino za nadev, nato pa vmešamo še preostali sladkor in cimet. Potresemo po mafinih in vrnemo v pečico še za 5 minut, da porjavijo.

Mafini z breskvami

narediti 12

225 g/8 oz/2 skodelici navadne moke (univerzalne)

100 g/4 oz/½ skodelice sladkorja (izjemno finega).

10 ml / 2 žlici pecilnega praška

2,5 ml/½ čajne žličke soli

1 jajce, rahlo stepeno

175 ml/6 fl oz/¾ skodelice mleka

120 ml/4 oz/½ skodelice olja

1 majhna pločevinka/7 oz/200 g breskev, odcejenih in narezanih

Zmešamo moko, sladkor, pecilni prašek in sol ter v sredini naredimo jamico. Združite preostale sestavine in mešajte s suhimi sestavinami, dokler se ne povežejo. Ne premešajte. Vlijemo v modelčke za mafine (papir) ali z maslom namazane modelčke za mafine in pečemo v predhodno ogreti pečici na 200°C/400°F/termostat 6 20 minut, da se dobro napihnejo in prožejo na otip.

Mafini iz arašidovega masla

narediti 12

225 g/8 oz/2 skodelici navadne moke (univerzalne)

100 g/4oz/½ skodelice sladkega rjavega sladkorja

10 ml / 2 žlici pecilnega praška

2,5 ml/½ čajne žličke soli

1 jajce, rahlo stepeno

250 ml/8 oz/1 skodelica mleka

120 ml/4 oz/½ skodelice olja

45 ml/3 žlice arašidovega masla

Zmešamo moko, sladkor, pecilni prašek in sol ter v sredini naredimo jamico. Združite preostale sestavine in mešajte s suhimi sestavinami, dokler se ne povežejo. Ne premešajte. Vlijemo v modelčke za mafine (papir) ali z maslom namazane modelčke za mafine in pečemo v predhodno ogreti pečici na 200°C/400°F/termostat 6 20 minut, da se dobro napihnejo in prožejo na otip.

Ananasovi mafini

narediti 12

225 g/8 oz/2 skodelici navadne moke (univerzalne)

100 g/4oz/½ skodelice sladkega rjavega sladkorja

10 ml / 2 žlici pecilnega praška

2,5 ml/½ čajne žličke soli

1 jajce, rahlo stepeno

175 ml/6 fl oz/¾ skodelice mleka

120 ml/4 oz/½ skodelice olja

200 g/7 oz/1 majhna konzerva ananasa, odcejenega in narezanega

30 ml/2 žlici demerara sladkorja

Zmešajte moko, rjavi sladkor, pecilni prašek in sol ter na sredini naredite jamico. Zmešajte vse preostale sestavine razen sladkorja demerara in vmešajte suhe sestavine, dokler se ne združijo. Ne premešajte. Vlijemo v modelčke za mafine (papirnate) ali z maslom namazane modelčke za mafine in potresemo z demerara sladkorjem. Pecite v predhodno ogreti pečici na 200 °C/400 °F/termostat 6 20 minut, dokler niso dobro napihnjeni in elastični na otip.

Malinovi mafini

narediti 12

225 g/8 oz/2 skodelici navadne moke (univerzalne)

100 g/4 oz/½ skodelice sladkorja (izjemno finega).

10 ml / 2 žlici pecilnega praška

2,5 ml/½ čajne žličke soli

200 g malin

1 jajce, rahlo stepeno

250 ml/8 oz/1 skodelica mleka

120 ml/4 oz fl/½ skodelice rastlinskega olja

Zmešamo moko, sladkor, pecilni prašek in sol. Vmešajte maline in na sredini naredite jamico. Jajca, mleko in olje zmešamo in prelijemo k suhim sestavinam. Nežno mešajte, dokler se vse suhe sestavine ne povežejo, vendar je zmes še vedno drobljiva. Ne pretiravajte. Zmes vlijemo v modelčke za mafine (papir) ali v z maslom namazane modelčke za mafine in pečemo v predhodno ogreti pečici na 200°C/400°F/termostat 6 20 minut, da se dobro napihnejo in prožejo na otip.

Limonino malinovi mafini

narediti 12

175 g/6 oz/1½ skodelice navadne moke (univerzalne)

50 g/2 oz/¼ skodelice sladkornega prahu

50 g/2 oz/¼ skodelice sladkega rjavega sladkorja

10 ml / 2 žlici pecilnega praška

5 ml/1 čajna žlička mletega cimeta

Malo soli

1 jajce, rahlo stepeno

100 g/4 oz/½ skodelice masla ali margarine, stopljene

120 ml/½ skodelice mleka

100g/4oz svežih malin

10 ml/2 žlički naribane limonine lupinice

Za okras:

75 g/3 oz/½ skodelice (slaščičarskega) sladkorja v prahu, presejanega

15 ml/1 žlica limoninega soka

V skledi zmešamo moko, sladkor v prahu, rjavi sladkor, pecilni prašek, cimet in sol ter v sredini naredimo jamico. Dodamo jajce, maslo ali margarino in mleko ter mešamo, da se sestavine povežejo. Vmešajte maline in limonino lupinico. Vlijemo v modelčke za mafine (papir) ali pomaščene modelčke za mafine in pečemo v predhodno ogreti pečici na 180°C/350°F/termostat 4 20 minut, dokler niso zlato rjavi in prožni na otip. Zmešajte sladkor v prahu in limonin sok, da jih premažete in potresete po vročih muffinih.

Sultana mafini

narediti 12

225 g/8 oz/2 skodelici navadne moke (univerzalne)

100 g/4 oz/½ skodelice sladkorja (izjemno finega).

100 g/4 oz/2/3 skodelice rozin (zlate rozine)

10 ml / 2 žlici pecilnega praška

5 ml/1 žlička mlete začimbe (jabolčna pita)

2,5 ml/½ čajne žličke soli

1 jajce, rahlo stepeno

250 ml/8 oz/1 skodelica mleka

120 ml/4 oz/½ skodelice olja

Zmešajte moko, sladkor, rozine, pecilni prašek, mešanico začimb in sol ter na sredini naredite jamico. Preostale sestavine mešajte, dokler se ne združijo. Vlijemo v modelčke za mafine (papir) ali z maslom namazane modelčke za mafine in pečemo v predhodno ogreti pečici na 200°C/400°F/termostat 6 20 minut, da se dobro napihnejo in prožejo na otip.

Mafini v sirupu

narediti 12

225 g/8 oz/2 skodelici navadne moke (univerzalne)

100 g/4oz/½ skodelice sladkega rjavega sladkorja

10 ml / 2 žlici pecilnega praška

2,5 ml/½ čajne žličke soli

1 jajce, rahlo stepeno

175 ml/6 fl oz/¾ skodelice mleka

60 ml/4 žlice temnega sirupa (melasa)

120 ml/4 oz/½ skodelice olja

Zmešamo moko, sladkor, pecilni prašek in sol ter v sredini naredimo jamico. Preostale sestavine mešajte, dokler se ne združijo. Ne premešajte. Vlijemo v modelčke za mafine (papir) ali z maslom namazane modelčke za mafine in pečemo v predhodno ogreti pečici na 200°C/400°F/termostat 6 20 minut, da se dobro napihnejo in prožejo na otip.

Mafini s sirupom iz ovsenih kosmičev

narediti 10

100 g/4 oz/1 skodelica navadne moke (za vse namene)

175 g/6 oz/1½ skodelice ovsa

100 g/4oz/½ skodelice sladkega rjavega sladkorja

15 ml/1 žlica pecilnega praška

5 ml/1 čajna žlička mletega cimeta

2,5 ml/½ čajne žličke soli

1 jajce, rahlo stepeno

120 ml/½ skodelice mleka

60 ml/4 žlice temnega sirupa (melasa)

75 ml/5 žlic olja

Zmešamo moko, oves, sladkor, pecilni prašek, cimet in sol ter v sredini naredimo jamico. Zmešajte preostale sestavine, nato mešajte suhe sestavine, dokler se ne povežejo. Ne premešajte. Vlijemo v modelčke za mafine (papir) ali z maslom namazane modelčke za mafine in pečemo v predhodno ogreti pečici na 200°C/400°F/termostat 6 15 minut, da se dobro napihnejo in prožejo na otip.

Ovseni toast

narediti 8

225 g/8 oz/2 skodelici ovsa

100 g/4 oz/1 skodelica polnozrnate (pšenične) moke.

5 ml/1 žlica soli

5 ml/1 žlica pecilnega praška

50 g/2 oz/¼ skodelice svinjskega fileja (kratkega)

30 ml/2 žlici hladne vode

Zmešajte suhe sestavine, nato pa v mešanico vtrite svinjino, dokler ne postane podobna krušnim drobtinam. Zmešajte toliko vode, da dobite trdo testo. Na rahlo pomokani površini razvaljamo v krog 7/18 cm in narežemo na osem rezin. Položimo v pekač, namazan z maslom, in pečemo v predhodno ogreti pečici na 180°C/350°F/termostat 4 25 minut. Postrezite z maslom, marmelado ali marmelado.

Omleta z jagodami in gobami

narediti 18

5 rumenjakov

75 g/3 oz/1/3 skodelice sladkorja v prahu (super fin).

Malo soli

Naribana lupinica polovice limone

4 beljaki

40 g/1½ oz/1/3 skodelice koruznega zdroba (koruznega škroba)

1½ oz/40 g/1/3 skodelice navadne moke (univerzalne)

40 g/1½ oz/3 žlice masla ali margarine, stopljene

300 ml/½ pt/1¼ skodelice smetane za stepanje

225 g/8 oz jagod

Sladkor v prahu, presejan, za posipanje

Rumenjake stepemo s 25 g sladkorja, dokler ne postanejo bledi in gosto, nato jih zmešamo s soljo in limonino lupinico. Beljake penasto stepite, nato dodajte preostanek sladkorja v prahu in stepajte še trd in sijajen sneg. Rumenjake umešamo in nato vmešamo moko in moko. Vmešamo stopljeno maslo ali margarino. Mešanico prenesite v cevno vrečko, opremljeno z navadno konico (konico) ½"/1 cm, in jo nanesite v kroge velikosti 6/15 cm v pomaščen in obložen pekač (torto). Pečemo v predhodno ogreti pečici na 220°C/425°F/termostat 7 10 minut do zlato rjave barve, vendar ne zlato rjave barve. Pustimo, da se ohladi.

Smetano stepemo do trdega. Polovico vsakega kroga namažemo s tanko plastjo, po vrhu razporedimo jagode in zaključimo s še kremo. Zgornjo polovico "tortilj" prepognemo. Potresemo s sladkorjem v prahu in postrežemo.

Piškoti s poprovo meto

narediti 12

100 g/4 oz/½ skodelice masla ali margarine, zmehčane

100 g/4 oz/½ skodelice sladkorja (izjemno finega).

2 jajci, rahlo stepeni

75 g/3 oz/¾ skodelice samovzhajajoče moke (samovzhajajoča)

10 ml/2 čajni žlički kakava v prahu (nesladkana čokolada).

Malo soli

8 oz/11/3 skodelice sladkorja v prahu (slaščice), presejanega

30 ml/2 žlici vode

Nekaj kapljic zelene jedilne barve

Nekaj kapljic esence poprove mete (izvleček)

Mint čokolado, prerezano na pol, za okras

Maslo ali margarino in sladkor penasto stepite, nato postopoma vmešajte jajca. Zmešajte moko, kakav in sol. Vlijemo v z maslom namazane modelčke (pekače za meso) in pečemo v predhodno ogreti pečici na 200°C/400°F/termostat 6 10 minut, dokler niso mehki na otip. Pustimo, da se ohladi.

V sklede presejte sladkor v prahu in ga zmešajte s 15 ml/1 žlico vode, nato dodajte barvilo za živila in meto po okusu. Po potrebi dodajte več vode, da dosežete konsistenco, ki prekrije hrbtno stran žlice. Po piškotih namažemo sladoled in okrasimo z mint čokolado.

Piškoti z rozinami

narediti 12

175 g/6 oz/1 skodelica rozin

250 ml/8 oz/1 skodelica vode

5 ml/1 čajna žlička sode bikarbone (pecilnega praška)

100 g/4 oz/½ skodelice masla ali margarine, zmehčane

100 g/4oz/½ skodelice sladkega rjavega sladkorja

1 jajce, pretepeno

5 ml/1 čajna žlička vaniljeve esence (izvleček)

200 g/7 oz/1¾ skodelice navadne moke (univerzalne)

5 ml/1 žlica pecilnega praška

Malo soli

Rozine, vodo in sodo bikarbono zavremo v ponvi in pustimo vreti 3 minute. Pustite, da se ohladi do toplega. Zmešajte maslo ali margarino in sladkor, dokler ne postanejo bledi in puhasti. Postopoma dodajte jajce in vanilijevo esenco. Vmešajte zmes z rozinami, nato pa vmešajte še moko, pecilni prašek in sol. Zmes vlijemo v modelčke za mafine (papir) ali namaščene modelčke za mafine in pečemo v predhodno ogreti pečici na 180°C/350°F/termostat 4 12-15 minut, dokler niso pečeni in zlato rjavi.

Grozdje kliče

narediti 24

225 g/8 oz/2 skodelici navadne moke (univerzalne)

Ščepec mletih mešanih začimb (jabolčna pita)

5 ml/1 čajna žlička sode bikarbone (pecilnega praška)

225 g/8 oz/1 skodelica sladkorja v prahu (super fin).

45 ml/3 žlice mletih mandljev

8 oz / 1 skodelica masla ali margarine, stopljene

45 ml/3 žlice rozin

1 jajce, rahlo stepeno

Zmešajte suhe sestavine in jim nato vmešajte stopljeno maslo ali margarino, nato pa še rozine in jajca. Dobro premešajte v trdo pasto. Razvaljajte na rahlo pomokani površini na približno ¼/5 mm debelo in narežite na ¼/5 mm x 20 cm x 8 palcev. Vrh rahlo navlažite z malo vode, nato pa vsak trak s krajšega konca zvijte navzgor. Položimo na pomaščen pekač in pečemo v predhodno ogreti pečici na 200°C/400°F/termostat 6 15 minut do zlate barve.

Malinove torte

Naredi 12 žemljic

225 g/8 oz/2 skodelici navadne moke (univerzalne)

7,5 ml/½ čajne žličke pecilnega praška

2,5 ml/½ čajne žličke. mlete začimbe (jabolčna pita)

Malo soli

75 g/3 oz/1/3 skodelice masla ali margarine

75 g/3 oz/1/3 skodelice sladkorja v prahu (super finega) plus dodatek za posipanje

1 jajce

60 ml/4 žlice mleka

60 ml/4 žlice malinovega džema (iz pločevinke)

Zmešajte moko, pecilni prašek, začimbe in sol, nato pa vmešajte maslo ali margarino, dokler zmes ne postane podobna drobtinam. Vmešajte sladkor. Zmešajte jajce in toliko mleka, da dobite trdo testo. Razdelite na 12 kroglic in jih položite na pomaščen pekač. V sredino vsakega s prstom naredite luknjo in vanjo vlijte malinovo marmelado. Premažemo z mlekom in potresemo s sladkorjem v prahu. Pečemo v predhodno ogreti pečici na 220°C/425°F/termostat 7 10-15 minut, dokler ne zlato porjavijo. Po želji okrasite z malo marmelade.

Rjavi riž in sončnične pogače

narediti 12

75 g/3 oz/¾ skodelice kuhanega rjavega riža

50 g/2 oz/½ skodelice sončničnih semen

25 g/1 oz/¼ skodelice sezamovih semen

40 g/1½ oz/¼ skodelice rozin

40 g/1½ oz/¼ skodelice glaziranih (kandiranih) češenj, narezanih na četrtine

25 g/1 oz/2 žlici sladkega rjavega sladkorja

15 ml / 1 žlica prozornega medu

75 g/3 oz/1/3 skodelice masla ali margarine

5 ml/1 čajna žlička limoninega soka

Zmešajte riž, semena in sadje. Sladkor, med, maslo ali margarino in limonin sok raztopimo in vmešamo v riževo zmes. Vlijemo v 12 modelčkov (tortni papir) in pečemo v ogreti pečici na 200°C/400°F/termostat 6 15 minut.

skalne torte

narediti 12

225 g/8 oz/2 skodelici navadne moke (univerzalne)

Malo soli

10 ml / 2 žlici pecilnega praška

2 oz/¼ skodelice/50 g masla ali margarine

50 g/2 oz/¼ skodelice svinjskega fileja (kratkega)

2/3 skodelice/100 g mešanih oreščkov (mešanica za sadno torto)

100 g/4 oz/½ skodelice demerara sladkorja

Naribana lupinica polovice limone

1 jajce

15-30 ml/1-2 žlici mleka

Zmešajte moko, sol in pecilni prašek, nato pa vmešajte maslo ali margarino in mast, dokler zmes ne postane podobna drobtinam. Zmešajte sadje, sladkor in limonino lupinico. Jajce stepemo s 15 ml/1 žlico mleka, dodamo suhe sestavine in zmešamo v trdo pasto, po potrebi dodamo še mleko. Majhne kupčke zmesi zložimo na pomaščen pekač in pečemo v predhodno ogreti pečici na 200°C/400°F/termostat 6 15-20 minut do zlato rjave barve.

Kameni krekerji brez sladkorja

narediti 12

75 g/3 oz/1/3 skodelice masla ali margarine

175 g/6 oz/1¼ skodelice polnozrnate pšenične moke (polnozrnata)

50 g/2 oz/½ skodelice ovsene moke

10 ml / 2 žlici pecilnega praška

5 ml/1 čajna žlička mletega cimeta

100 g/4 oz/2/3 skodelice rozin (zlate rozine)

lupina 1 limone

1 jajce, rahlo stepeno

90 ml/6 žlic mleka

Maslo ali margarino vtrite v moko, pecilni prašek in cimet, dokler zmes ne postane podobna drobtinam. Vmešajte rozine in limonino lupinico. Dodajte jajce in toliko mleka, da dobite gladko zmes. Žličnike polagamo v pomaščen pekač in pečemo v predhodno ogreti pečici na 200°C/400°F/termostat 6 15-20 minut, da zlato porjavijo.

Piškoti z žafranom

narediti 12

Ščepec mletega žafrana

75 ml/5 žlic vrele vode

75 ml/5 žlic hladne vode

100 g/4 oz/½ skodelice masla ali margarine, zmehčane

225 g/8 oz/1 skodelica sladkorja v prahu (super fin).

2 jajci, rahlo stepeni

225 g/8 oz/2 skodelici navadne moke (univerzalne)

10 ml / 2 žlici pecilnega praška

2,5 ml/½ čajne žličke soli

175 g/6 oz/1 skodelica rozin (zlate rozine)

175 g/6 oz/1 skodelica sesekljane mešane lupine (kandirane)

Žafran za 30 minut namočite v vrelo vodo, nato dodajte hladno vodo. Maslo ali margarino in sladkor penasto stepite, nato postopoma vmešajte jajca. Presejte moko s pecilnim praškom in soljo, nato pa 50 g/2 oz/½ skodelice mešanice moke vmešajte v rozine in mešano lupino. Kremni zmesi izmenično z žafranovo vodo dodajamo moko in dodajamo sadje. Vlijemo v modelčke za mafine (papirnate) ali pomokane modelčke za mafine in pečemo v predhodno ogreti pečici na 190°C/375°F/termostat 5 približno 15 minut, dokler niso mehki na otip.

rum baba

narediti 8

100 g/4 oz/1 skodelica večnamenske moke (kruh)

5 ml/1 čajna žlička suhega kvasa nežno premešamo

Malo soli

45 ml/3 žlice toplega mleka

2 jajci, rahlo stepeni

2 oz/¼ skodelice/50 g masla ali margarine, stopljene

25 g / 1 oz / 3 žlice ribeza

Za sirup:

250 ml/8 oz/1 skodelica vode

75 g/3 oz/1/3 skodelice granuliranega sladkorja

20 ml/4 žličke limoninega soka

60 ml/4 žlice ruma

Za sladoled in dekoracijo:

60 ml/4 žlice marelične marmelade (v pločevinki), precejene (filtrirane)

15 ml/1 žlica vode

¼ skodelice/2/3 skodelice/150 ml smetane za stepanje ali dvojne smetane (težka)

4 glazirane (kandirane) češnje, prerezane na pol

Nekaj rezin angelike, narezanih na trikotnike

V skledi zmešamo moko, pecilni prašek in sol ter v sredini naredimo jamico. Zmešajte mleko, jajca in maslo ali margarino, nato stepite moko do gladkega. Zmešajte ribez. Testo vlijemo v osem pomaščenih in pomokanih posameznih okroglih modelčkov (cevasta oblika), tako da le tretjina modelčkov vzhaja. Pokrijte z naoljeno folijo za živila (plastično folijo) in pustite na toplem 30 minut, dokler se testo ne dvigne na površino modelčkov. Pečemo v predhodno ogreti pečici na 200°C/400°F/termostat 6 15 minut do zlate barve. Pekače obrnemo in pustimo 10 minut, da se ohlajajo, nato torte odpremo in jih položimo na velik, nekoliko globok krožnik. Vse skupaj jih prebodemo z vilicami.

Za pripravo sirupa na majhnem ognju segrevajte vodo, sladkor in limonin sok ter mešajte, dokler se sladkor ne raztopi. Ogenj povečamo in zavremo. Odstavimo z ognja in dodamo rum. Piškote prelijemo z vročim sirupom in pustimo namakati 40 minut.

Žele in vodo segrevajte na majhnem ognju, dokler se dobro ne zmešata. Sluzi namastimo in jih položimo na servirni krožnik. V sredino vsake torte stepemo smetano in jo stepemo. Okrasite s češnjami in angeliko.

Biskvit kroglični piškoti

narediti 24

5 rumenjakov

75 g/3 oz/1/3 skodelice sladkorja v prahu (super fin).

7 beljakov

75 g/3 oz/¾ skodelice koruznega zdroba (koruznega škroba)

50 g/2 oz/½ skodelice navadne moke (univerzalne)

Rumenjake stepamo s 15 ml/1 žlico sladkorja, da postanejo bledi in gosti. Beljake stepemo in nato dodamo preostanek sladkorja, da postane gost in sijajen. S kovinsko žlico vmešajte koruzni zdrob. Polovico rumenjakov s kovinsko žlico vmešamo v beljake, nato pa vmešamo še preostale rumenjake. Zelo previdno premešajte moko. Mešanico prenesite v skledo za testenine, opremljeno s standardnim nastavkom 2,5 cm (konica), in jo v pomaščenem in obloženem pekaču (torto) oblikujte v okrogle, dobro razporejene polpete. Pečemo v predhodno ogreti pečici na 200°C/400°F/termostat 6 5 minut,

Čokoladni sladkorni piškoti

narediti 12

5 rumenjakov

75 g/3 oz/1/3 skodelice sladkorja v prahu (super fin).

7 beljakov

75 g/3 oz/¾ skodelice koruznega zdroba (koruznega škroba)

50 g/2 oz/½ skodelice navadne moke (univerzalne)

60 ml/4 žlice marelične marmelade (v pločevinki), precejene (filtrirane)

30 ml/2 žlici vode

1 količina pečene čokoladne glazure

150 ml/¼ pt/2/3 skodelice smetane za stepanje

Rumenjake stepamo s 15 ml/1 žlico sladkorja, da postanejo bledi in gosti. Beljake stepemo in nato dodamo preostanek sladkorja, da postane gost in sijajen. S kovinsko žlico vmešajte koruzni zdrob. Polovico rumenjakov s kovinsko žlico vmešamo v beljake, nato pa vmešamo še preostale rumenjake. Zelo previdno premešajte moko. Mešanico prenesite v skledo za testenine, opremljeno s standardnim nastavkom 2,5 cm (konica), in jo v pomaščenem in obloženem pekaču (torto) oblikujte v okrogle, dobro razporejene polpete. Pečemo v predhodno ogreti pečici na 200°C/400°F/termostat 6 5 minut, nato znižamo temperaturo pečice na 180°C/350°F/termostat 4 za nadaljnjih 10 minut, dokler ni pečen. Prenesite na rešetko.

Marmelado in vodo zavrite, dokler se ne zgostita in dobro premešata, nato namažite po vrhu torte. Pustimo, da se ohladi. Gobe pomakamo v čokoladno glazuro in pustimo, da se ohladijo. Smetano stepemo do trdega in nato s smetano zmešamo sendvič piškote.

poletne snežne kepe

narediti 24

100 g/4 oz/½ skodelice masla ali margarine, zmehčane

100 g/4 oz/½ skodelice sladkorja (izjemno finega).

5 ml/1 čajna žlička vaniljeve esence (izvleček)

2 jajci, rahlo stepeni

225 g/8 oz/2 skodelici samovzhajajoče moke (samovzhajajoča)

120 ml/½ skodelice mleka

120 ml / 4 fl oz / ½ skodelice dvojne smetane (težke)

25 g/1 oz/3 žlice sladkorja v prahu (slaščice), presejanega

60 ml/4 žlice marelične marmelade (v pločevinki), precejene (filtrirane)

30 ml/2 žlici vode

150 g/5 oz/1¼ skodelice posušenega kokosa (nastrganega)

Zmešajte maslo ali margarino in sladkor, da postanejo rahli in puhasti. Postopoma dodajajte vanilijevo esenco in jajca, nato pa izmenično dodajajte moko z mlekom. Zmes vlijemo v z maslom namazane modelčke za mafine in pečemo v predhodno ogreti pečici na 180°C/350°F/termostat 4 15 minut, da se dobro napihnejo in prožejo na otip. Prenesite na rešetko, da se ohladi. Mafinom odrežemo vrh.

Smetano in sladkor v prahu stepemo v trd, nato pa jih malo prelijemo na vsak mafin in pokrijemo. Marmelado segrevajte z vodo do homogenosti, nato mafine po vrhu pobarvajte in izdatno potresite s kokosom.

Gobove kapljice

narediti 12

3 jajca, pretepena

100 g/4 oz/½ skodelice sladkorja (izjemno finega).

2,5 ml/½ čajne žličke vaniljeve esence (izvleček)

100 g/4 oz/1 skodelica navadne moke (za vse namene)

5 ml/1 žlica pecilnega praška

100 g/4 oz/1/3 skodelice malinovega džema (v pločevinki)

¼ žličke/2/3 skodelice/150 ml dvojne (težke) stepene smetane

Sladkor v prahu, presejan, za posipanje

Jajca, sladkor in vanilijevo esenco dajte v toplotno odporno skledo nad ponev z vrelo vodo in mešajte, dokler se zmes ne zgosti. Odstranite posodo iz lonca in vmešajte moko in pecilni prašek. Maso po žličkah nalivamo na pomaščen pekač in pečemo v predhodno ogreti pečici na 190°C/375°F/termostat 5 10 minut do zlato rjave barve. Prenesite na rešetko in pustite, da se ohladi. Kapljice prelijemo z marmelado in smetano ter za serviranje potresemo s sladkorjem v prahu.

Osnovna meringue

Naredite 6-8

2 beljaka

100 g/4 oz/½ skodelice sladkorja (izjemno finega).

V čisti skledi brez maščobe stepamo beljake toliko časa, da začnejo nastajati mehki sneg. Dodamo polovico sladkorja in nadaljujemo s stepanjem, dokler zmes ne dobi čvrstih vrhov. S kovinsko žlico nežno vmešajte preostali sladkor. Pekač obložimo s peki papirjem in na pekač položimo 6-8 kupčkov meringue. Meringo sušite v pečici čim nižje 2-3 ure. Ohladite na rešetki.

Mandljeva meringue

narediti 12

2 beljaka

100 g/4 oz/½ sladkorja (super fin).

100 g/4 oz/1 skodelica mletih mandljev

Nekaj kapljic mandljeve esence (izvleček)

12 polovic mandljev za dekoracijo

Beljake močno stepemo. Dodamo polovico sladkorja in nadaljujemo s stepanjem, dokler zmes ne dobi čvrstih vrhov. Dodamo preostanek sladkorja, mlete mandlje in mandljevo esenco. Zmes razdelite na 12 krogov v pomaščen in z maslom namazan pekač in v vsakega položite pol mandlja. Pecite v predhodno ogreti pečici na 130 °C/250 °F/termostat ½ 2-3 ure, dokler ne postane hrustljav.

Španski piškoti z meringo in mandlji

narediti 16

225 g/8 oz/1 skodelica sladkorja v prahu

225 g/8 oz/2 skodelici mletih mandljev

1 beljak

100 g/4 oz/1 skodelica celih mandljev

Sladkor, mlete mandlje in beljake stepemo v fin sneg. Oblikujte kroglo in testo sploščite z valjarjem. Narežemo na majhne rezine in položimo v pekač, namaščen z maslom. V sredino vsakega biskvita (torte) vtisnite cel mandelj. Pečemo v predhodno ogreti pečici na 160°C/325°F/termostat 3 15 minut.

Sladke meringue košarice

narediti 6

4 beljaki

8–9 oz/225–250 g/11/3–1½ skodelice (slaščičarskega) sladkorja v prahu, presejanega

Nekaj kapljic vanilijeve esence (izvleček)

V čisti, toplotno odporni skledi brez maščobe stepite beljake, da postanejo penasti, nato postopoma stepajte sladkor v prahu, nato pa še vanilijevo esenco. Skledo postavite nad ponev z rahlo vrejo vodo in mešajte, dokler meringue ne obdrži svoje oblike in pusti gosto sled, ko dvignete metlico. Pekač (tortni) obložimo s peki papirjem in nanj narišemo šest krogov velikosti 7,5 cm/3. S polovico mešanice meringue razporedite plast meringue znotraj vsakega kroga. Preostanek damo v slaščičarsko vrečko in ob rob vsakega podstavka položimo dve plasti meringue. Sušite v pečici, ogreti na 150 °C/300 °F/termostat 2, približno 45 minut.

Mandljev čips

narediti 10

2 beljaka

100 g/4 oz/½ skodelice sladkorja (izjemno finega).

75 g/3 oz/¾ skodelice mletih mandljev

25 g/1 oz/2 žlici zmehčanega masla ali margarine

1/3 skodelice/2 oz/50 g slaščičarskega sladkorja, presejanega

10 ml/2 čajni žlički kakava v prahu (nesladkana čokolada).

50 g/2 oz/½ skodelice navadne (polsladke) čokolade, stopljene

Iz beljakov stepamo trd sneg. Postopoma dodajte granulirani sladkor. Vmešamo mlete mandlje. Z nastavkom ½"/1 cm (konico) na rahlo naoljen pekač nanesite mešanico na kose dolžine 2"/5 cm. Pečemo v predhodno ogreti pečici na 140°C/275°F/termostat 1 od 1 ure do 1h30. Pustimo, da se ohladi.

Zmešajte maslo ali margarino, sladkor v prahu in kakav. Sendvič nekaj piškotov (piškotov) z nadevom. Čokolado stopite v toplotno odporni posodi nad ponvo z rahlo vrelo vodo. Vrhove marshmallowa pomočite v čokolado in pustite, da se ohladijo na rešetki.

Španski marshmallows z mandlji in limono

dopolniti 30

150 g blanširanih mandljev

2 beljaka

Naribana lupinica polovice limone

200 g/7 oz/lite 1 skodelica sladkorja v prahu (super finega).

10 ml/2 čajni žlički limoninega soka

Mandlje pražite v pečici, predhodno ogreti na 150 °C/300 °F/termostat 2, približno 30 minut, dokler ne postanejo zlate in dišeče. Tretjino orehov grobo sesekljamo, ostale pa drobno zmeljemo.

Beljake močno stepemo. Zmešajte limonino lupinico in dve tretjini sladkorja. Dodajte limonin sok in stepajte, dokler ne postane trd in sijajen. Dodamo preostanek sladkorja in mlete mandlje. Vmešamo sesekljane mandlje. Meringu skodelice položimo na pomaščen pekač, obložen s folijo, in postavimo v ogreto pečico. Takoj znižajte temperaturo pečice na 110 °C/225 °F/termostat ¼ in pecite približno 1 uro 30 minut, dokler ni suha.

S čokolado obliti marshmallows

naredi 4

2 beljaka

100 g/4 oz/½ skodelice sladkorja (izjemno finega).

100 g/4 oz/1 skodelica navadne čokolade (polsladke)

¼ žličke/2/3 skodelice/150 ml dvojne (težke) stepene smetane

V čisti skledi brez maščobe stepamo beljake toliko časa, da začnejo nastajati mehki sneg. Dodamo polovico sladkorja in nadaljujemo s stepanjem, dokler zmes ne dobi čvrstih vrhov. S kovinsko žlico nežno vmešajte preostali sladkor. Pekač (torto) obložimo s papirjem za peko in na pekač položimo osem kupčkov meringue. Meringo sušite v pečici čim nižje 2-3 ure. Ohladite na rešetki.

Čokolado stopite v toplotno odporni posodi nad ponvo z rahlo vrelo vodo. Naj se malo ohladi. Štiri marshmallowe nežno pomočite v čokolado, da prekrijete zunanjost. Pustite na pergamentnem papirju (povoskanem), dokler se strdi. Eno s čokolado oblito meringo in eno navadno meringue namažite s smetano, nato ponovite s preostalo meringo.

Čokoladni marshmallows z meto

narediti 18

3 beljaki

100 g/4 oz/½ skodelice sladkorja (izjemno finega).

75 g/3 oz/¾ skodelice mete, prekrite s sesekljano čokolado

Beljake močno stepemo. Sladkor dodajamo postopoma, dokler beljaki ne postanejo čvrsti in sijoči. Sesekljana meta je nazaj. Z majhnimi žličkami dajajte mešanico v pomaščen in z maslom namazan pekač in pecite v predhodno ogreti pečici na 140 °C/275 °F/termostat 1 uro in pol, dokler ni suha.

Čokoladni čips in orehov marshmallow

narediti 12

2 beljaka

175 g/6 oz/¾ skodelice sladkorja v prahu (super finega).

50 g/2 oz/½ skodelice čokoladnih koščkov

1 oz/¼ skodelice orehov, drobno sesekljanih

Pečico segrejte na 190°C/375°F/termostat 5. Stepajte beljake, dokler ne nastane mehak sneg. Postopoma dodajajte sladkor in stepajte, dokler zmes ne oblikuje čvrstih vrhov. Vmešajte koščke čokolade in orehe. Zmes po žlicah polagamo na peki papir in postavimo v pečico. Izklopite pečico in pustite, da se ohladi.

Lešnikova meringa

narediti 12

100 g/4 oz/1 skodelica lešnikov

2 beljaka

100 g/4 oz/½ skodelice sladkorja (izjemno finega).

Nekaj kapljic vanilijeve esence (izvleček)

12 orehov rezervirajte za okras, ostale pa zdrobite. Beljake močno stepemo. Dodamo polovico sladkorja in nadaljujemo s stepanjem, dokler zmes ne dobi čvrstih vrhov. Dodamo preostanek sladkorja, lešnike v prahu in vanilijevo esenco. Zmes razdelite na 12 krogov v pomaščen in obložen tortni pekač (torto) in v vsakega položite prihranjen oreh. Pecite v predhodno ogreti pečici na 130 °C/250 °F/termostat ½ 2-3 ure, dokler ne postane hrustljav.

Meringue plast torta z orehi

Pecite torto velikosti 23 cm

Za torto:

2 oz/¼ skodelice/50 g zmehčanega masla ali margarine

150 g/5 oz/2/3 skodelice sladkorja (izjemno finega).

4 jajca, ločena

100 g/4 oz/1 skodelica navadne moke (za vse namene)

10 ml / 2 žlici pecilnega praška

Malo soli

60 ml/4 žlice mleka

5 ml/1 čajna žlička vaniljeve esence (izvleček)

2 oz/½ skodelice/50 g orehov orehov, drobno sesekljanih

Za slaščičarsko kremo:

250 ml/8 oz/1 skodelica mleka

50 g/2 oz/¼ skodelice sladkorja (super fine).

50 g/2 oz/½ skodelice navadne moke (univerzalne)

1 jajce

Malo soli

120 ml / 4 fl oz / ½ skodelice dvojne smetane (težke)

Za pripravo torte stepite maslo ali margarino s ½ skodelice/4 oz/100 g sladkorja, da postane rahlo in puhasto. Po malem dodajamo rumenjake, nato dodajamo moko, pecilni prašek in sol, izmenično z mlekom in vaniljevo esenco. Vlijemo v dva namaščena in obložena modela s premerom 23 cm in gladimo površino. Beljake stepemo, nato primešamo preostalemu sladkorju in ponovno stepamo toliko časa, da postane trd in sijajen. Premažemo po tortni zmesi in potresemo z orehi. Pecite v predhodno ogreti pečici na 150°C/300°F/termostat 3 45 minut, dokler meringue ni suh. Prenesite na rešetko, da se ohladi.

Za pripravo slaščičarske kreme del mleka zmešamo s sladkorjem in moko. Preostanek mleka zavremo v kozici, prelijemo sladkorno mešanico in mešamo do gladkega. Mleko vlijemo nazaj v oprano posodo in ob stalnem mešanju zavremo, nato pa med mešanjem kuhamo, dokler se ne zgosti. Odstavimo z ognja in zmešamo jajce in sol ter pustimo, da se malo ohladi. Smetano stepemo do trdega in jo vmešamo v zmes. Pustimo, da se ohladi. Torte pobarvajte s slaščičarsko kremo.

Narezani makaroni z lešniki

narediti 20

175 g/6 oz/1½ skodelice lešnikov, oluščenih

3 beljaki

225 g/8 oz/1 skodelica sladkorja v prahu (super fin).

5 ml/1 čajna žlička vaniljeve esence (izvleček)

5 ml/1 čajna žlička mletega cimeta

5 ml/1 žlica naribane limonine lupinice

rižev papir

Grobo sesekljajte 12 lešnikov, ostale lešnike pa zmiksajte do drobno mletih. Beljake stepemo v rahel in puhast sneg. Postopoma dodajte sladkor in nadaljujte s stepanjem, dokler zmes ne oblikuje čvrstih vrhov. Dodamo lešnike, vanilijevo esenco, cimet in limonino lupinico. Zvrhane žličke polagamo na pekač, obložen z riževim papirjem (torto) in sploščimo v tanke trakove. Pustimo, da se strdi 1 uro. Pečemo v predhodno ogreti pečici na 180°C/350°F/termostat 4 12 minut, dokler niso čvrsti na otip.

Meringue in orehova plast

Spečemo tortni pekač premera 10 palcev/25 cm

100 g/4 oz/½ skodelice masla ali margarine, zmehčane

400 g/14 oz/1¾ skodelice sladkornega prahu (super finega).

3 rumenjaki

100 g/4 oz/1 skodelica navadne moke (za vse namene)

10 ml / 2 žlici pecilnega praška

120 ml/½ skodelice mleka

100 g/4 oz/1 skodelica orehov

4 beljaki

8 fl oz / 1 skodelica dvojne smetane (težka)

5 ml/1 čajna žlička vaniljeve esence (izvleček)

Kakav v prahu (nesladkana čokolada) za posipanje

Maslo ali margarino in 75 g sladkorja stepite do rahle in puhaste mase. Po malem dodajajte rumenjake in izmenoma z mlekom vmešajte moko in kvas. Testo razdelimo na dva pomaščena in pomokana 25 cm/10 (oblika). Nekaj polovic orehov pustimo za okras, ostale drobno sesekljamo in potresemo po piškotih. Beljake stepemo, nato dodamo preostali sladkor in ponovno stepamo toliko časa, da postane gost in sijajen. Razporedite po kolačih in pecite v predhodno ogreti pečici na 180°C/350°F/termostat 4 25 minut, proti koncu peke pokrijte torto s pergamentnim papirjem (povoskanim), če meringue začne preveč rjaveti. Pustite, da se ohladi v modelih,

Smetano in vanilijev ekstrakt zmešajte v trd. Meringue kolačke namažemo s polovico kreme, preostalo pa namažemo po vrhu. Okrasimo s prihranjenimi oreščki in potresemo s presejanim kakavom.

gore meringue

narediti 6

2 beljaka

100 g/4 oz/½ skodelice sladkorja (izjemno finega).

¼ čajne žličke/2/3 skodelice/150 ml dvojne smetane (težke).

12 oz/350 g narezanih jagod

25 g/1 oz/¼ skodelice navadne (polsladke) čokolade, naribane

Beljake močno stepemo. Dodamo polovico sladkorja in stepamo do gostote in sijaja. Primešamo še preostali sladkor. Na peki papir v pekač razporedimo šest krogov meringe. Pečemo v predhodno ogreti pečici na 140 °C/275 °F/termostat 1 45 minut, dokler ne postanejo rahlo zlate in hrustljave. Notranjost bo ostala precej mehka. Odstranite iz pekača in pustite, da se ohladi na rešetki.

Smetano stepemo do trdega. Meringu kroge potapkamo ali prelijemo s polovico kreme, okrasimo s sadjem in nato še s preostankom kreme. Po vrhu potresemo naribano čokolado.

Meringue z malinovo kremo

Za 6 oseb

2 beljaka

100 g/4 oz/½ skodelice sladkorja (izjemno finega).

¼ čajne žličke/2/3 skodelice/150 ml dvojne smetane (težke).

30 ml/2 žlici sladkorja v prahu (slaščice).

225 g/8 oz malin

V čisti skledi brez maščobe stepamo beljake toliko časa, da začnejo nastajati mehki sneg. Dodamo polovico sladkorja in nadaljujemo s stepanjem, dokler zmes ne dobi čvrstih vrhov. S kovinsko žlico nežno vmešajte preostali sladkor. Pekač obložite s peki papirjem in po njem razporedite majhne vrtinčke meringe. Meringo sušite v pečici čim nižje 2 uri. Ohladite na rešetki.

Smetano stepemo s sladkorjem v prahu do trdega, nato pa vanjo vmešamo maline. Uporabite ga za zlaganje parov marshmallows in jih položite na servirni krožnik.

Ratafijski piškoti

narediti 16

3 beljaki

100 g/4 oz/1 skodelica mletih mandljev

225 g/8 oz/1 skodelica sladkorja v prahu (super fin).

Beljake močno stepemo. Dodamo mandlje in polovico sladkorja ter ponovno stepamo do trdega. Primešamo še preostali sladkor. Majhne kroge položite na pomaščen in obložen pekač in pecite v predhodno ogreti pečici na 150°C/300°F/termostat 2 50 minut, dokler niso suhi in hrustljavi na robovih.

Vacherin karamela

Pecite torto velikosti 23 cm

4 beljaki

225 g/8 oz/1 skodelica sladkega rjavega sladkorja

50 g/2 oz/½ skodelice sesekljanih lešnikov

½ žličke/1¼ skodelice/300 ml dvojne smetane (gosta)

Nekaj celih lešnikov za okras

Beljake stepamo toliko časa, da nastanejo mehki snegovi. Postopoma stepajte sladkor, dokler ne postane trd in sijajen. Meringo napeljite v cevno vrečko, opremljeno s standardno 1 cm konico (konico) in dve 23 cm meringue spirali navijte na namaščen in obložen pekač (torta). Potresemo s 15 ml/1 žlico sesekljanih orehov in pečemo v predhodno ogreti pečici na 120°C/250°F/termostat ½ 2 uri, dokler ne postanejo hrustljavi. Prenesite na rešetko, da se ohladi.

Smetano stepemo do trdega, nato ji dodamo preostale orehe. Večino kreme porabimo za sestavljanje meringue osnov, nato okrasimo s preostankom kreme in okrasimo s celimi lešniki.

Navadne žemlje

narediti 10

225 g/8 oz/2 skodelici navadne moke (univerzalne)

Malo soli

2,5 ml/½ žličke sode bikarbone (pecilnega praška)

5 ml/1 žlica vinskega kamna

2 oz/50 g/¼ skodelice masla ali margarine, narezane na kocke

30 ml/2 žlici mleka

30 ml/2 žlici vode

Zmešamo moko, sol, sodo bikarbono in vinski kamen. Natrite z maslom ali margarino. Počasi dodajte mleko in vodo, dokler ne nastane gladko testo. Na pomokani delovni površini hitro pregnetemo do gladkega, nato razvaljamo na 1½ cm debelo in z rezalnikom narežemo na 5 cm/2 rezine. Scones (piškote) položite na pomaščen pekač in pecite v predhodno ogreti pečici na 230°C/450°F/termostat 8 približno 10 minut, da se dobro napihnejo in zlato zapečejo.

Bogati jajčni kolački

narediti 12

2 oz/¼ skodelice/50 g masla ali margarine

225 g/8 oz/2 skodelici samovzhajajoče moke (samovzhajajoča)

10 ml / 2 žlici pecilnega praška

25 g/1 oz/2 žlici železnega sladkorja (super fin).

1 jajce, rahlo stepeno

100 ml/3½ fl oz/6½ žlice mleka

Maslo ali margarino vtrite v moko in pecilni prašek. Vmešajte sladkor. Mešajte jajce in mleko, dokler ne nastane homogeno testo. Na pomokani delovni površini rahlo pregnetemo, nato razvaljamo na približno ½/1 cm debelo in z modelčkom za piškote narežemo na 2/5 cm velike kroge. Nadev razvaljamo in narežemo. Pogačke (piškote) položimo na pomaščen pekač in pečemo v predhodno ogreti pečici na 230°C/450°F/termostat 8 10 minut oziroma do zlate barve.

jabolčni kolački

narediti 12

225 g/8 oz/2 skodelici polnozrnate pšenične moke (polnozrnate pšenice).

20 ml/1½ žličke pecilnega praška

Malo soli

2 oz/¼ skodelice/50 g masla ali margarine

30 ml/2 žlici naribanega kuhanega jabolka

1 jajce, pretepeno

150 ml/¼ pt/2/3 skodelice mleka

Zmešajte moko, pecilni prašek in sol. Vtrite maslo ali margarino in nato vmešajte jabolko. Postopoma vmešajte jajce in toliko mleka, da dobite gladko testo. Na rahlo pomokani površini razvaljamo na približno 5 cm/2 debeline in z rezalnikom izrežemo kroge. Pogačice (piškote) zložimo na pomaščen pekač in premažemo s preostalim jajcem. Pečemo v predhodno ogreti pečici na 200°C/400°F/termostat 6 12 minut, dokler ne postanejo svetlo zlate barve.

jabolčni in kokosovi kolački

narediti 12

2 oz/¼ skodelice/50 g masla ali margarine

225 g/8 oz/2 skodelici samovzhajajoče moke (samovzhajajoča)

25 g/1 oz/2 žlici železnega sladkorja (super fin).

30 ml/2 žlici posušenega kokosa (naribanega)

1 jabolko (desertno), olupljeno, razrezano in narezano na koščke

¼ čajne žličke/2/3 skodelice/150 ml navadnega jogurta

30 ml/2 žlici mleka

Maslo ali margarino vtrite v moko. Dodamo sladkor, kokos in jabolko, nato pa jogurt zmešamo v gladko pasto, po potrebi dodamo malo mleka. Na rahlo pomokani površini razvaljamo na približno 1/2 cm debelo in z rezalnikom izrežemo kroge. Scones (piškote) položimo na pomaščen pekač in pečemo v predhodno ogreti pečici na 220°C/425°F/termostat 7 10-15 minut, da se dobro napihnejo in zlato porjavijo.

Jabolčni datljevi kolački

narediti 12

2 oz/¼ skodelice/50 g masla ali margarine

225 g/8 oz/2 skodelici navadne moke (univerzalne)

5 ml/1 žlička mešanice začimb (jabolčna pita)

5 ml/1 žlica vinskega kamna

2,5 ml/½ žličke sode bikarbone (pecilnega praška)

25 g/1 oz/2 žlici sladkega rjavega sladkorja

1 majhno jabolko (tart), skuhano, olupljeno, odstraniti peščico in narezano na koščke

2 oz / 1/3 skodelice datljev (koščica), narezanih

45 ml/3 žlice mleka

Maslo ali margarino vtrite v moko, mešanico začimb, vinsko smetano in sodo bikarbono. Sladkor, jabolko in datlje zmešamo, nato dodamo mleko in zmešamo v homogeno testo. Rahlo ga pregnetemo, nato pa ga na pomokani površini razvaljamo na 2,5 cm/1 debelo in z rezalnikom za biskvite narežemo na lističe. Scone (piškote) zložimo na pekač, namazan z maslom, in pečemo v pečici, ogreti na 220°C/425°F/termostat 7, 12 minut, dokler ne zlato porjavijo.

Ječmenovi kolački

narediti 12

175 g/6 oz/1½ skodelice ječmenove moke

50 g/2 oz/½ skodelice navadne moke (univerzalne)

Malo soli

2,5 ml/½ žličke sode bikarbone (pecilnega praška)

2,5 ml/½ žličke vinskega kamna

25 g/1 oz/2 žlici masla ali margarine

25 g/1 oz/2 žlici sladkega rjavega sladkorja

100 ml/3½ fl oz/6½ žlice mleka

Rumenjak za glazuro

Zmešamo moko, sol, sodo bikarbono in vinski kamen. Maslo ali margarino vtrite, dokler zmes ne bo podobna krušnim drobtinam, nato pa vmešajte sladkor in toliko mleka, da dobite gladko testo. Na rahlo pomokani površini razvaljamo na ¾/2 cm debelo in z rezalnikom izrežemo kroge. Žemlje (piškote) položimo na pomaščen (tortni) pekač in premažemo z rumenjakom. Pečemo v predhodno ogreti pečici na 220°C/425°F/termostat 7 10 minut, dokler ne zlato porjavijo.

Datljevi kolački

narediti 12

225 g/8 oz/2 skodelici polnozrnate pšenične moke (polnozrnate pšenice).

2,5 ml/½ žličke sode bikarbone (pecilnega praška)

2,5 ml/½ žličke vinskega kamna

2,5 ml/½ čajne žličke soli

40 g/1½ oz/3 žlice masla ali margarine

15 ml/1 žlica železnega sladkorja (super finega).

2/3 skodelice / 4 oz / 100 g izkoščičenih datljev, narezanih

Približno 100 ml/3½ fl oz/6½ žlice masla

Zmešajte moko, sodo bikarbono, vinski kamen in sol. Premažemo z maslom ali margarino, nato vmešamo sladkor in datlje ter na sredini naredimo jamico. Postopoma vmešajte toliko pinjenca, da dobite gladko testo. Razvaljamo ga na debelo in narežemo na trikotnike. Scones (piškote) položimo na pomaščen pekač in pečemo v predhodno ogreti pečici na 230°C/450°F/termostat 8 20 minut do zlatorjave barve.

Pogačke z zelišči

narediti 8

175 g/6 oz/¾ skodelice masla ali margarine

225 g/8 oz/2 skodelici večnamenske moke (za kruh).

15 ml / 1 žlica pecilnega praška

Malo soli

5 ml/1 čajna žlička rjavega sladkorja

30 ml/2 žlici mešanice suhih zelišč

60 ml/4 žlice mleka ali vode

Posušite mleko

Maslo ali margarino vtrite v moko, pecilni prašek in sol, dokler zmes ne postane podobna krušnim drobtinam. Zmešajte sladkor in zelišča. Dodajte toliko mleka ali vode, da dobite mehko testo. Na rahlo pomokani površini ga razvaljamo na približno ¾/2 cm debelo in z modelčkom zarežemo kroge. Žemljice (piškote) položimo na pomaščen pekač in premažemo z mlekom. Pečemo v predhodno ogreti pečici na 200°C/400°F/termostat 6 10 minut, dokler se dobro ne napihnejo in zlato porumenijo.

www.ingramcontent.com/pod-product-compliance
Lightning Source LLC
Chambersburg PA
CBHW071837110526
44591CB00011B/1343